감정을 전하는 사람,
브랜드로 기억된다

감정을 전하는 사람, 브랜드로 기억된다

리샤(re:sha) 지음

ordaV

프롤로그

감정은 브랜드의
첫 문장입니다.

형광등 불빛이 반짝이는 강의장. 첫 줄에 앉은 참가자의 시선이 제 외모와 말투를 훑고 지나갔습니다. 그 순간, 설명하기 어려운 공허함이 스며들었습니다. 단순한 피곤함이 아니었습니다. 무언가 본질에서 멀어지고 있다는 신호.

그 순간, 마음속에서 조용히 문 하나가 닫히는 소리를 들었습니다. 그 공허함은 내일 다시 강의장에 들어서도 사라지지 않을 것 같았습니다. 형광등 소리가 멀어지고, 심장은 이유 모를 속삭임을 계속했습니다.

15년 전, 저는 처음으로 기업교육 강의와 코칭을 시작했습니다. 그 시절 요청의 대부분은 '외면 중심의 전략'이었습니다. 더 잘 보이기 위한 기법, 시각·형식 중심의 표현 설계. 저는 그 요구에 맞춰 강의와 코칭을 해냈습니다. 하지만 마음 깊숙이선 100% 내키지 않았습니다. 그것이 내가 진짜 하고 싶은 이야기가 아니었기 때문입니다. 외형은 다뤘지만, 내면은 비워졌고, 허무함과 아쉬움이 남았습니다. "내가 전하고 싶은 건 이게 아닌데…" 그 목마름은 몇 년이 지나도 사라지지 않았습니다.

그 뒤로 15년 동안, 저는 사람과 세상을 깊이 이해하기 위한 공부와 경험을 쌓았습니다. 그리고 마침내 2025년, 그 모든 것이 한 문장으로 정리되었습니다. 결국, 사람은 감정으로 소통할 때만 진짜 자신의 브랜드가 된다. 어떤 서비스든, 제품이든, 사람 자신이든 — 기억에 남는 브랜딩은 정보가 아니라 감정에서 시작된다. 주고받는 감정 속에서만 진짜 브랜딩이 완성된다. 이 책은, 그 한 문장이 제 안에 자리 잡기까지 걸린 15년의 여정을 담고 있습니다.

"성과는 잊혀지고, 기억은 감정의 순간에 머뭅니다.", "정보는 흐려져도, 감정은 오래 머뭅니다. 그리고 그 감정은 결국 한 사람의 정체성이 됩니다." — 저자 re:sha(리샤)

감정은 브랜드의 첫 문장입니다. 그리고 진짜 브랜딩은, 감정이 남긴 여운에서 시작됩니다. "무슨 말을 했는지는 잘 기억나지 않지만, 그 사람 덕분에 기분이 좋았어요." 강연을 마치고 나온 한 참가자의 말이었습니다. 슬라이드도, 강의 내용도 흐릿

했지만 그는 이렇게 덧붙였습니다. "목소리 끝에 묻어 있던 따뜻함, 잠깐의 침묵, 눈 맞춤이 이상하리만큼 오래 남았어요." 그 말을 듣는 순간, 저는 브랜드를 다시 생각하게 되었습니다. 그건 '무엇을 말했는가'보다 '어떤 감정을 남겼는가'의 문제였습니다. 사람은 정보를 잊어도, 감정은 기억합니다. 그리고 그 감정이 곧 그 사람의 인상이자, 브랜드가 됩니다. 우리가 알고 있던 퍼스널 브랜딩은 달리 접근해왔습니다. 그동안 퍼스널 브랜딩은 이렇게 접근했습니다. SNS에서 어떻게 잘 보일 것인가 프로필 사진을 어떻게 꾸밀 것인가 키워드를 어떻게 포장할 것인가 외면 중심의 전략, 기술, 포지셔닝 중심의 방법들. 즉, 외형적 성공을 위한 기술서에 가까웠습니다.

하지만 이 책에서 제안하는 퍼스널 브랜딩은 다릅니다. '보이는 나'가 아닌, '기억되는 나'를 중심에 둡니다.

우리는 이렇게 바꿔야 합니다. '포지션'이 아닌→ 정체성으로, '보이는 스킬'이 아닌→ 남는 감정으로, '경쟁력'이 아닌→ 감정 기반 연결력으로. 스펙을 나열하기보다, 감정의 흔적을 되짚고, 스킬을 훈련하기보다, 철학을 끌어내며, 보이는 이미지를 설계하기보다, 기억되는 문장을 만듭니다. 이것이 바로 제가 제안하는 감정 기반 퍼스널 브랜딩입니다.

그리고 그 출발점은 생각보다 아주 조용하고 단순한 곳에서 시작됩니다. 브랜딩의 기술도, 말재주도 아닙니다. 가장 근본적인 감정의 문을 여는 일, 바로 '듣는 것'에서 시작됩니다. 바로, '경청'입니다. 진정한 경청은 단순히 말을 듣는 것이 아닙니다. 상대의 감정을 읽고, 나의 감정을 인지하는 섬세한 감정 감도가 필요합니다. 나의 감정을 정확히 인식하고, 상대의 감정을 깊이 읽어줄 때 비로소 두 마음 사이에 교류가 일어납니다. 그 교류 속에서 감정이 인정받고, 이해받을 때 우리는 '안정감'이라는 감정을 경험하게 되고 그 안정감은 곧 '신뢰'라는 감정으로 성장합니다. 그 신뢰의 사다리는 단단하면서도 따뜻한 연결을 만들고, 결국 브랜드의 기반이자, 사람과 사람 사이 모든 관계의 본질이 됩니다.

감정 기반 퍼스널 브랜딩은 단순히 좋은 인상을 남기는 일이 아닙니다. 상대와 나 사이에 형성된 감정적 신뢰를 지속 가능한 관계로 이끄는 깊은 설계입니다.

그렇다면, 왜 지금 이 감정 기반 브랜딩이 필요할까요? 우리는 이제 AI가 보고서를 쓰고, 발표 자료를 자동으로 만드는 시대에 살고 있습니다. 기술은 더 빨라지고, 스킬은 더 정교해졌지만 정작, 사람의 감정과 존재감은 점점 흐릿해지고 있습니다. 누구나 전문가처럼 말하지만 "그 사람은 어떤 사람인가요?"라는 질문 앞에서는 진짜 이야기를 꺼내기 어렵습니다.

이 책은 그래서 만들어졌습니다. 이 책은 단순한 브랜딩 기술서가 아닙니다. 감정을 설계하고, 정체성을 언어로 구체화하는 여정을 담은 실행형 워크북입니다. 당신이 누구인지, 무엇을 느끼는지, 어떤 방식으로 그것을 세상과 나누고 싶은지를 한 줄 한 줄, 감정의 언어로 정리해 가는 실천의 책입니다.

특히 4장과 5장에서는 '감정을 어떻게 감지하고 구조화할 것인가', 그리고 '그 감정을 나만의 문장으로 어떻게 설계할 것인가'에 대해 깊이 다룹니다. 그 문장은 단순한 자기소개가 아닙니다. 당신의 감정이 스며든, 단 하나의 시작점입니다. 그 문장은 앞으로 이어질 모든 대화와 관계 속에 당신만의 감정 온도를 남기는 출발점이 됩니다.

브랜드는 결국 설명이 아니라, 감정의 기억으로 남습니다. 그 시작은 거창할 필요도 없습니다. 오늘 단 한 줄의 문장, 단 한 번의 대화로도 충분합니다. 지금, 여기서. 당신만의 문장을 시작하세요.

추천사

저는 10여 년 전, 프루덴셜 생명보험 지점장 시절 석사 논문을 준비하던 리샤 작가가 영업 현장에서 사람의 마음을 움직이는 코칭을 실천하던 모습을 가까이서 지켜보았습니다. 그때부터 저는 분명히 알았습니다. 이 브랜딩은 기술이 아니라, '감정으로 이어지는 진정성'에서 출발한다는 것을요.

이 책에는 그간의 통찰과 노하우가 담겨 있습니다. 전략 위주의 많은 브랜드 책과 달리, 이 책은 사람을 기억하게 하는 힘을 말합니다. 그 힘은 관계를 만들고, 신뢰를 쌓고, 오래도록 기억되는 브랜드를 탄생시키는 원천입니다.

"리샤의 진정성은 그냥 전략이 아니라, 감정의 언어입니다."
유명한 말이 아니지만 이 문장은 그녀의 일관된 실천과 전문성을 증명해 줍니다.

저는 교수이자 멘토로서 자신 있게 말씀드립니다. 리샤만큼 퍼스널 브랜딩의 본질을 깊이 탐구하고 삶에서 증명한 이는 드뭅니다. 이 책은 그 증명이며, 따뜻하면서도 설득력 있는 일종의 "감정 브랜딩의 해답"입니다.

- 前 프루덴셜 생명보험 지점장 / 코칭 멘토 박천경 경영학 교수

법률가의 세계에서는 조문과 판례가 우선입니다. 하지만 법정에서 판사를 움직이는 건 언제나 감정이었습니다.

"논리는 판사를 설득하고, 감정은 의뢰인을 설득한다."

이 책을 통해 그 말을 비로소 실감했습니다. 작가 리샤는 브랜드를 감정에서 시작해야 한다고 말합니다.

표정, 말투, 문서 하나를 건네는 태도까지 — 작은 순간에 감정은 스며들고, 그 감정이 정체성을 만들고, 브랜드를 완성합니다.

저는 '차분히 듣던 사람'이라는 감정으로 기억된다면 그게 제 브랜드라고 생각합니다.

《감정을 전하는 사람, 브랜드로 기억됩니다》는 브랜딩을 말하지만 결국 사람과 관계, 인생을 이야기하는 책입니다. 가볍게 읽어도 좋습니다. 하지만, 오래 남습니다.

- 민,형사 전문 변호사 송범준

"『감정을 전하는 사람, 브랜드로 기억된다』는 '사람은 정보를 잊어도 감정은 기억한다'는 진리에 기반합니다. 전문가가 어떻게 신뢰와 관계를 구축할 수 있는지를 보여주는 책입니다.

손해사정사로서, 업무 중 법규와 약관, 데이터에 집중했지만 결국 오래 남는 것은 감정이라는 사실을 깨달았습니다. 작은 말투 하나, 섬세한 태도 하나가 신뢰를 구축하는 방식임을 다시금 일깨워 주었습니다.

"전문 지식이 형식이라면, 감정은 그 형식에 진정성을 채우는 본질입니다."

이 책은 전문가라면 꼭 한 번 읽어야 할 길잡이입니다. 감정이 브랜드로 남는 순간을 설계하고 싶은 모든 사람에게 추천합니다.

- 손해사정사 박지훈

"I'm touched. 난 감동했고, 내 마음이 울렸습니다." 전략이나 치밀한 분석 그 이상, 이 책에는 감정을 지탱하는 "그 무언가"가 담겨 있습니다.

"진심이 공명을 일으키는 순간, 마음은 터치됩니다." 리샤 작가는 바로 그 순간을 설계합니다. 누군가의 마음을 움직이도록, 그 여운은 곧 신뢰와 관계가 됩니다.

이 책은 감정이 아닌 데이터를 앞세우는 시대에 다시 '사람'을 불러오는 초대장입니다. 저는 이 초대에 기꺼이 함께할 것입니다.

- 한의사, 경희한가람한의원 권윤일

우리의 언어가 단일한 의미를 담고 있다고 생각하기 쉽지만, 실제로는 그렇지 않습니다. 같은 말이라도 개인의 경험과 상황, 감정에 따라 전혀 다르게 받아들여집니다. 누구나 그런 날이 있지 않나요? 평소에는 웃어넘길 수 있었던 농담이 어떤 날에는 참을 수 없이 불편하게 다가오는 순간 말입니다.

우리는 또 각자만의 '퍼스널 스페이스(personal space)'를 가지고 있으며, 이를 통해 타인으로부터 자신을 지켜냅니다. 그렇기에 서로 다른 세계관과 자기 보호의 공간을 지닌 우리가 진정으로 소통하기 위해서는 반드시 출발점을 찾아야 합니다. 바로 이 지점에서 저자는 '감정'이라는 보편적 기호를 제시합니다. 언어는 상황에 따라 달리 해석될 수 있지만, 감정은 누구에게나 직관적으로 전달되기 때문입니다. 저자가 말하듯 "감정은 먼저 형태로 말을 건네며", 결국 '느낌의 브랜드'가 소통의 열쇠가 되는 것입니다. 퍼스널 브랜딩 분야에서 10년이 넘도록 성실하게 활동해온 리샤 작가의 통찰은 요란하지 않지만, 조용히 독자의 마음 깊숙이 스며듭니다. 바로 그녀다운 방식으로 말이지요.

소통에서 답답함을 느껴본 분, 나만의 브랜드를 어떻게 세워야 할지 고민하는 분이라면, 이 책을 반드시 읽어보시길 권합니다. 당신의 마음과 상대의 마음을 열어주는 가장 따뜻한 소통의 해답이 이 안에 담겨 있으니까요.

- 前)CJ 오쇼핑 PD, 심순희 기획자

이 책은 25년간의 제 진료경력에 큰 울림을 주었습니다. 그동안 누구보다 환자에게 좋은 진료를 다하려 노력했다고 자부하지만 모든 환자와의 관계가 좋았던 것은 아닙니다. 좋은 관계로 이어진 경우가 많지만 그렇지 못할 때는 환자와 결이 맞지 않는다고 치부했던 것도 사실입니다. 하지만 이 책은 그 답을 제시해 주었습니다. 나의 진심이 감정적으로 전달되지 안 하고 공감되지 못한 것이라고...

리샤 작가님의 책을 통해 앞으로의 환자와의 커뮤니케이션에 대한 통찰의 큰 도움을 받았습니다.

- 치과의사, 그루터기 치과 윤정진

그동안 내가 지켜 본 리샤는 스쳐간 수백 명의 사업가들 사이에서 수년째 오롯이 관계가 지속되고 있는 리샤의 말 그대로 감정으로 기억되는 사람이다. 일, 체면, 스킬이 아니라 그 사람에게 느껴지는 공기가 존재로 기억된다는 점을 몸소 실천한 그녀가 코치해 주는 감정을 전하는 브랜딩은 하나의 전략이되고 삶의 의미 있는 방향성이 될 것이다.

- 경영지도사, 딥스톤인베스트먼트 대표 임병을

"무엇이 사람들의 기억을 오래도록 살아 있게 하는가?"

브랜드·디자인 전문 변리사로서 수많은 기업들의 정체성을 지켜오며 저 역시 늘 같은 질문을 던져왔습니다.

리샤 작가의 책은 이 질문에 가장 따뜻하고도 설득력 있는 답을 제시합니다. 브랜드는 결국, 누군가의 기억 속에 남는 감정의 온도와 진심의 밀도입니다.

- 상표 특허 전문 변리사, 김성훈

행정의 세상은 일반인과 조금 다른 세상입니다. 절차와 규정이 중요하고, 평등과 비례의 원칙이 존재합니다. 하지만 그보다 중요한 것이 '감정'이라는 것을 항상 느낍니다. 쉬운 일도 두꺼운 지침서 구석의 한 줄을 보여주며 안된다고 하는 공무원과 '행정사님, 허가 났어요 ㅋㅋㅋ'라고 문자를 보낸 공무원의 태도 차이는 결국 절차와 규정이 아니라 '감정'이었습니다.

이 책은 그저 브랜드 이야기가 아닙니다. 근본의 핵심을 건드리고, '공감되는 브랜드'의 원리를 보여줍니다.

사업가, 리더, 관리자 — 사람을 만나는 모든 이들에게 강력히 권합니다.

- 행정사/가맹거래사, 홍현

사람은 정보를 잊어도 감정은 기억합니다. 《감정을 전하는 사람, 브랜드로 기억된다》는 바로 그 진실을 가장 설득력 있게 보여주는 책입니다. 설명이 아니라 느낌, 스펙이 아니라 정체성, 포지션이 아니라 철학이 결국 브랜드를 만든다는 사실을 이 책은 탁월하게 증명합니다. 짧은 인사, 한마디의 말투, 마지막의 여운까지—모든 순간이 감정의 리듬으로 엮일 때, 우리는 다시 떠올려지는 사람이 됩니다.

이 책은 그 리듬을 설계하는 실천 전략을 제시하며, 누구나 자기만의 '한 문장 브랜드'를 세울 수 있게 돕습니다. 기업교육 현장에서 수많은 리더를 만나며, 결국 성과를 남기는 사람은 사람의 마음에 특별한 인상으로 남는 이들임을 보았습니다.

이 책은 그 힘을 구체적이고 실천적인 방법으로 안내합니다. 저는 자신있게 교육자, 리더, 창업자 모두에게 반드시 권하고 싶습니다.

- 기업교육 전문가 · Spurt Now 대표 구자봉 -

"숫자는 차갑지만, 뜻이 깃들면 따스해집니다."
많은 이의 재무제표를 살펴보며, 저는 숫자 너머의 인생을 봅니다. 직원들의 노력, 대표님의 체력과 열정까지 — 그렇게 감

정으로 채워진 수많은 시간을 기록하지 않으면 숫자는 공허합니다.

저는 저의 고객분들의 재무제표를 숫자로 바라보지 않습니다. 한해 한해 그분들의 인생을 바라봅니다. 그들과 함께하는 직원분들의 노고를 바라봅니다. 그렇게 그들의 발자취로, 인생의 한 순간순간이 쌓여서 숫자가 탄생하는데 어찌 그게 숫자로 보일까요. 타인을 바라보기에 그저 숫자로 값어치로 둘러진 외관만 본다면 그들의 많은 정체성 중에 평면만 보일 것입니다. 그러나 그들의 내면을 바라본다면 깊이와 너비가 더해져 비로소 입체적인 그들의 모든 것을 바라보고 이해하게 될 것입니다.

이 책에서 강조하는 감정은 서로 소통하고 그것을 내 가치로 만드는 것 과거와 현재를 아우르는 브랜딩 전략인 거 같습니다.

퍼스널 브랜딩은 결국, 타인에 대한 존중과 마음을 담은 소통법을 느끼며 한 장 한 장 넘기다 보면 어느덧 스며들게 될 이 책은 현대인에게 필요한 교양서입니다.

- 세무사, 바를정 서정화

성우는 단순히 '목소리'를 전하는 사람이 아닙니다.
감정을 전해 기억에 남는 순간을 만드는 사람입니다.

《감정을 전하는 사람, 브랜드로 기억됩니다》는 감정이 어떻게 사람의 마음을 움직이고, 그 감정이 어떻게 브랜드로 남는지를 명확하게 보여주는 책입니다.

이 책에는 단지 말이 아니라, '느낌'을 전해온 사람만이 전할 수 있는 깊이와 진심이 담겨 있습니다.

"보는 것을 믿는 것이 아니라,
믿는 것을 보게 만드는 힘."

그 힘이 바로 이 책의 본질입니다.
모든 직업인에게 강력히 추천합니다.

- 성우 안지환

차례

프롤로그 · 04
추천사 · 09

CHAPTER 01.

감정이 브랜드를 만든다
: 사람은 설명이 아닌 '느낌'으로 기억한다

감정에서 브랜드는 시작된다 · 27
: 설명보다 먼저 기억되는 것은 '느낌'이다

실적보다 감정이 존재를 만든다 · 29
: 성과는 쌓이는데, 나는 왜 희미해지는 걸까?

감정이 리더십을 만든다 · 31
: 역할 수행을 넘어서, 존재로 기억되는 리더

감정 위에 기준이 쌓인다 · 33
: 신뢰는 감정이 아니라, 감정에 근거한 기준에서 만들어진다

CHAPTER 02.

감정은 말보다 먼저 온다
: 설명보다 먼저, 마음이 움직인다

감정은 브랜드의 분위기를 형성한다 · 41
: 기억되는 것은 '내용'이 아니라, 그 순간의 '느낌'이다

감정은 말보다 먼저 도착한다 · 43
: 설명보다 먼저 도착하는 건 '느낌'이다

감정은 말의 진심을 만든다 · 48
: 말보다 먼저 전해지는 감정의 언어

익숙한 나를 감정으로 새롭게 정의하다 · 51
: 감정이라는 언어로, 나를 다시 읽는 연습

감정은 브랜드를 일관되게 만든다 · 56
: 브랜드의 인상은 감정의 반복 구조로 형성된다

워크시트 감정 기반 브랜드 정의 & 감정 언어 정렬 훈련 · 60

차례

CHAPTER 03.

감정은 먼저 형태로 말을 건넨다
: 디자인과 말투, 그리고 태도가 먼저 감정을 전한다

감정은 보이지 않는 메시지를 전한다 · 67
: 디자인, 말투, 몸짓 하나까지 브랜드의 온도를 만든다

감정이 먼저 말을 거는 디자인 · 69
: 보이는 것이 아니라 느껴지는 브랜드

감정은 태도로 흐른다 · 73
: 말보다 앞서 마음을 움직이는 건, 눈빛과 리듬

나는 어떻게 감정을 전하고 있을까 · 76
: DISC로 나의 감정 리듬을 해석하다

감정은 이미지로 기억된다 · 82
: 브랜드 인상은 시각의 감정 구조로 남는다

워크시트 감정 기반 경험 설계 · 86

CHAPTER 04.

감정은 정체성을 만든다
: 설명이 아닌 '철학의 감정'으로 브랜드는 연결된다

감정은 철학이 된다 · 97
: 설명은 잊히지만, 감정은 흔적으로 남는다

브랜드는 감정의 여운이다 · 99
: 감정에서 시작된 공기가 브랜드를 만든다

브랜드는 철학이다 · 103
: 감정을 품은 철학이 기억된다

'한 문장 브랜드' · 106
: 정체성을 담은 감정의 언어

감정선은 정체성과 신뢰를 잇는다 · 115
: 브랜드 감정선 설계 가이드

감정은 행동을 이끈다 · 120
: 기억된 감정이 재방문과 추천으로 이어진다

워크시트 나를 설명하는 감정 기반 문장 만들기 · 126

CHAPTER 05.

감정은 당신만의 문장이 된다
: 감정에서 시작해, 한 문장으로 남다

감정은 당신 브랜드의 뿌리입니다 · 135
: 설명보다 기억에 남는 '한 문장'을 만든다

내가 이 일을 시작한 진짜 이유 · 138
: 당신의 감정이, 브랜드의 시작이다

감정은 브랜드 철학의 언어가 된다 · 147
: 철학이 아닌, 감정을 담은 신념으로 기억된다

감정은 브랜드 정체성을 드러낸다 · 154
: 브랜드는 감정에서 시작된 정체성의 언어다

워크시트 "기억에 남는 브랜드는, 감정의 한 줄로 말해집니다" · 166
부록 감정 키워드 확장표 · 174

에필로그 · 178
추천사 · 182

CHAPTER 01.

감정이
브랜드를 만든다

: 사람은 설명이 아닌 '느낌'
으로 기억한다

"감정은 모든 판단의 렌즈다."

— 폴 슬로빅(Paul Slovic)

감정에서
브랜드는 시작된다

: 설명보다 먼저 기억되는 것은 '느낌'이다

낯선 카페에서 마주친 '느낌의 브랜드'

처음 들어간 동네 카페. 문을 열자 잔잔한 재즈와 커피 볶는 냄새가 스쳤습니다. 바 테이블에 걸터앉은 손님이 책을 읽고 있었고, 창가 쪽에는 햇빛이 살짝 번져 있었습니다. 특별할 것 없는 풍경인데, 이상하게 오래 머물고 싶은 기분이 들었습니다.

"그 카페, 뭐랄까… 그냥 기분이 좋았어.", "사장님 말투가 이상하게 따뜻했어." 친구들에게 설명하려 했지만, 결국 할 수 있는 말은 '느낌'뿐이었습니다. 그 순간, 하나의 문장이 떠올랐습니다. "브랜드는 말보다 감정이다."

사람들은 설명보다 분위기를 기억합니다

누군가를 떠올릴 때 우리는 그의 이력이나 말보다 함께 있었던 감정과 분위기를 먼저 기억합니다. 심리학자 앨버트 메라비언(Albert Mehrabian)의 커뮤니케이션 연구에 따르면, 우리가 누군가를 기억할 때 영향을 미치는 요소 중 내용(말)은 7%에 불과하고, 표정·톤·분위기와 같은 비언어적 요소가 93%를 차지한다고 합니다. "그 사람… 이상하게 마음이 편했어.", "별 말 안 했는데도 신뢰가 갔어.", "그냥 그 사람 옆에 있으면, 내가 괜찮은 사람처럼 느껴졌어." 말은 사라져도 느낌은 남고, 그 느낌이 인상이 되며, 인상은 브랜드가 됩니다.

감정→ 인상→ 기억→ 관계→ 신뢰, 이 흐름은 단순한 감각이 아닌, 인간의 감정 기억 구조를 반영한 브랜드의 본질입니다. 당신이 남기는 감정은 콘텐츠보다 훨씬 오래 남습니다. 브랜드는 기술이 아니라 태도, 정보가 아니라 감정에서 시작됩니다. 이 감정이 바로 '당신만의 브랜드 문장'을 만드는 첫걸음입니다.

01

실적보다 감정이
존재를 만든다

:성과는 쌓이는데, 나는 왜 희미해지는 걸까?

"계약은 계속 따냈어요. 그런데 고객도, 회사도… 그냥 실적만 기억하는 것 같았어요." 7년 차 영업사원의 고백입니다. 성과로 인정받았지만, 존재감은 점점 옅어지고 있었습니다. 회식 자리, 웃음소리 사이로 누군가 툭 던졌습니다. "넌 계약은 잘 따내는데… 어떤 사람인지는 잘 모르겠어."

그 한 마디가 마음 어딘가를 서늘하게 스쳤습니다. 그날 밤 집에 돌아와 양복을 벗으며 그는 생각했습니다. '성과는 남았는데, 나는 남았는가?' "그 질문은 답을 요구하지 않았습니다. 다만 그를 한동안 침묵 속에 앉혀 두었습니다." 이 질문은 '잘하고 있는가'를 넘어 '나는 누구인가'를 묻게 했습니다.

성과 중심에서 감정을 남기는 존재로의 전환, 이것이 감정 기반 퍼스널 브랜딩의 본질입니다.

심리학자 아브라함 매슬로우는 말했습니다. "인간은 생존을 위해서가 아니라, 의미 있는 존재로 살기 위해 일한다." 성과는 생계를 책임지지만, 감정은 존재를 남깁니다. 감정은 즉각적인 반응이고, 생각은 그 감정을 해석하고 판단하는 과정입니다.

"나는 지금 행복하다" → 감정
"이 일이 잘 되고 있다" → 생각

둘을 구분할 때 비로소 자신의 감정을 정확히 이해하고 상대에게 전달할 수 있습니다. 이것이 신뢰의 시작점, 브랜드의 출발선입니다.

✖ 감정으로 되돌아본 정의

결국, 사람은 성과보다 감정으로 기억된다.실적은 사라져도, 감정은 존재를 남긴다. 당신이 남긴 감정은 관계를 잇고, 기억의 흔적으로 브랜드를 만든다.

02

감정이
리더십을 만든다

: 역할 수행을 넘어서, 존재로 기억되는 리더

"팀원들과의 관계는 괜찮아요. 그런데 가끔, 제가 어떤 리더인지 모르겠어요." 성과와 인정은 있었지만, 정작 자신은 외로웠습니다. 회의에서는 '리더'가 아니라 단순히 업무 수행자처럼 느껴졌습니다.

코칭 후, 그녀는 팀원들에게 속마음을 꺼냈습니다. "저는… 팀원들이 기댈 수 있는 리더가 되고 싶어요." 그 말을 꺼낸 순간, 회의실 공기가 조금 느려졌습니다. 잠시 이어진 침묵 속에서 서로의 눈빛이 길게 머물렀고, 그날 회의는 평소보다 천천히 흘렀습니다.

그 후로 회의는 더 따뜻해졌고, 공감이 오가기 시작했습니다. "리더십은 전략이 아니라, 감정을 수용하는 데서 시작된다는 걸 알게 됐어요."

사람들은 완벽한 사람보다 감정을 드러내는 사람에게 끌립니다. 퍼스널 브랜딩은 겉을 꾸미는 기술이 아니라, 자신을 있는 그대로 받아들이는 감정의 표현입니다.

심리학자 칼 로저스는 말했습니다. "내가 나를 있는 그대로 받아들일 때, 변화는 시작된다." 그녀는 직책이 아닌 감정을 통해 존재를 드러내는 리더가 되었습니다.

진짜 리더십은 '감정을 드러낼 용기'에서 시작됩니다. 감정을 말하는 순간, 리더는 직책이 아니라 기억되는 사람이 됩니다.

✖ 감정으로 되돌아본 정의

감정을 드러낸 순간, 리더십은 시작된다. 말보다 먼저 전해진 감정은 팀의 공기를 바꾸고, 존재로서의 리더를 만든다. 감정은 역할을 넘어 기억되는 리더의 출발점이다.

03

감정 위에
기준이 쌓인다

: 신뢰는 감정이 아니라,
감정에 근거한 기준에서 만들어진다

"이 상품을 추천하시는 이유가 뭔가요?" 한 금융 팀장이 고객에게 받은 질문. 그는 대답하지 못했습니다. 그 후, 그는 자신에게 물었습니다. "나는 어떤 가치 기준으로 이 일을 하고 있는가?" 그리고 이렇게 적었습니다. "저는 고객의 인생을 설계하는 사람입니다. 보험은 그 도구일 뿐입니다." 이 한 문장 이후 상담은 달라졌습니다. 상품 설명 대신 삶에 대한 대화가 오갔고, 고객의 표정이 한결 부드러워졌습니다.

감정은 관계의 문을 열고, 가치 기준은 그 문을 단단히 붙잡습니다.

- "이 사람은 어떤 철학으로 판단할까?"
- "상황이 바뀌어도 이 원칙을 지킬 수 있을까?"
- "지금 이 말은 설명인가, 신념인가?"

가치 기준에 일관되게 답할 수 있다면, 그것이 브랜드 신뢰의 근간입니다.

◆ 실제 코칭 사례: 한 창업 컨설턴트의 변화

한 창업 컨설턴트는 처음엔 전략 중심의 조언을 주로 했습니다. 시장 분석, 브랜딩 기획, 수익 모델 설계—모두 빠르고 명확했지만, 이상하게도 고객 만족도는 점점 떨어졌습니다. 그와의 코칭 대화 중, 저는 조심스레 이런 질문을 건넸습니다. "지금 이 방향은, 누구의 속도에 맞춰진 걸까요?"
그 질문은 그에게 새로운 시선을 열어주었습니다.

성과보다 감정, 정답보다 관계. 그는 처음으로 자신의 일의 기준을 다시 써보기로 결심했습니다. 그리고 스스로의 원칙을 이렇게 정리했습니다. "저는 창업자의 성장 속도에 맞추는 컨설턴트입니다." 이 한 문장은 그의 태도와 언어를 바꾸었고, 관계를 바꾸었습니다. 감정 위에 기준을 세운 순간, 그는

'전략을 제공하는 사람'이 아니라 속도를 함께 조율하는 사람, '정답'보다 '관계의 리듬'을 존중하는 동반자로 자리매김하게 되었습니다.

   일부 고객은 떠났지만, 남은 고객들과의 관계는 놀라울 만큼 깊어졌습니다.

어느 날, 상담을 마친 창업자가 말없이 웃으며 고개를 끄덕였습니다. 그 미소는 그에게 성과표보다 훨씬 더 큰 보상이 되었습니다. "표가 아닌 표정에서 답을 찾게 되더군요."

   이 이야기는 단지 한 컨설턴트의 변화가 아닙니다. 기준을 감정에 두는 순간, 우리의 일과 관계, 존재 방식이 달라질 수 있다는 가능성에 대한 증거입니다. 지금 우리에게 필요한 건 더 많은 기술이나 이력보다, 감정을 출발점으로 한 '명확한 가치 기준'입니다. 기준이 바뀌면, 행동이 달라지고, 관계가 달라지고, 결국 스스로를 바라보는 태도까지 달라집니다. 그리고 그 기준이 문장이 될 때, 브랜드는 설명이 아니라, 존재의 태도로 남게 됩니다.

✖ 감정으로 되돌아본 정의

감정이 먼저 닿을 때, 기준은 설명이 아닌 공감으로 세워진다.
신뢰는 사실이 아니라 감정 기반의 기준 위에 형성된다.
당신이 먼저 남긴 감정이 곧 브랜드의 잣대가 된다.

✖ 감정 언어 기반 브랜드 철학 인사이트

감정은 신뢰의 시작이자, 브랜드의 첫 기억이다.
설명보다 느낌이 오래 남고, 그 감정이 곧 정체성이 된다.
존재감은 말이 아니라, 감정으로 기억된다.

✖ 셀프 코칭 질문

잠시 멈추고, 지금의 나를 떠올려 보세요. 이 질문에 답하며, 나의 감정이 어떤 브랜드를 만들고 있는지 살펴봅니다.

- 나는 어떤 감정의 공기로 기억되고 있을까?
- 말보다 먼저, 내 감정은 무엇을 말하고 있는가?
- 누군가가 나를 기억할 때, 어떤 '느낌'이 남기를 원하는가?

당신이 남긴 감정이, 누군가의 기억 속 브랜드가 됩니다. 지금, 당신만의 한 문장을 떠올려 보세요. 그것이 브랜드의 시작입니다. 이제 그 감정이 어떻게 철학이 되는지, 다음 장에서 함께 살펴봅니다.

CHAPTER 02.

감정은
말보다 먼저 온다

: 설명보다 먼저,
마음이 움직인다

"사람은 말보다 표정과
목소리로 감정을 판단한다."

— 앨버트 메러비언(Albert Mehrabian)

00

감정은 브랜드의 분위기를 형성한다

: 기억되는 것은 '내용'이 아니라,
그 순간의 '느낌'이다

한 강의 현장에서, 유독 말수가 거의 없는 한 참가자가 있었습니다. 눈에 띄는 제스처도, 뛰어난 스피치 능력도 없었지만, 강의가 끝난 뒤, 다른 참가자들이 이렇게 말했습니다. "왠지 기억에 남아요.", "신뢰가 느껴졌어요." 그는 말하지 않아도, 자신만의 정서로 브랜드를 만들어낸 사람이었습니다.

사람은 정보를 받아들이기 전에 먼저 분위기로 감정의 온도를 느낍니다. 그리고 바로 그 감정이 신뢰를 결정짓는 기준이 됩니다. 말의 논리보다, 말하는 '방식'과 전달되는 '분위기'가 먼저 도착합니다.

심리학자 앨버트 메러비언은 "말의 내용보다 표정과 목소리에서 감정을 더 많이 읽는다"고 설명합니다. 우리가 기억하는 건 말이 아니라, 그 말을 들었을 때의 '느낌'입니다. 이 장에서는, 보이지 않는 분위기가 어떻게 브랜드의 신뢰와 연결되는지를 살펴봅니다.

✓ 감정→ 인상→ 기억→ 신뢰→ 브랜드 연결력, 그 모든 연결은 '감정의 온도'에서 시작됩니다.

01

감정은 말보다
먼저 도착한다

: 설명보다 먼저 도착하는 건 '느낌'이다

퍼스널 브랜딩은 단어보다 감정으로 설명됩니다. 감정은 첫인상의 '공기'를 만듭니다. 표정, 눈빛, 말투, 손짓, 미세한 호흡까지 — 이 모든 비언어적 요소들이 말보다 먼저 분위기를 전달합니다.

◆ 실제 사례: 병원 응대 멘트 변화로 예약률 2배 상승

Before:
"성함 알려주세요."

After:
"오시느라 힘드셨죠?"

이 작은 차이가 고객의 감정 문을 여는 결정적 순간이 됩니다.

퍼스널 브랜딩 핵심 원칙

사람은 '설명'보다 '느낌'으로 브랜드를 받아들입니다. 브랜드는 논리보다 정서의 흐름으로 설계되어야 합니다.

심리학 실험 기반: 감정 해석의 비중

심리학자 앨버트 메러비언(Albert Mehrabian)은 다음과 같이 설명합니다: "말의 내용과 표정·말투가 다를 때, 사람은 말이 아닌, 표정과 분위기에서 감정을 해석한다."

메러비언의 법칙(7-38-55 법칙)

요소	영향도	설명
언어 정보	7%	말의 실제 내용
청각 정보	38%	말투, 목소리, 억양 등
시각 정보	55%	표정, 자세, 눈빛 등

즉, '무엇을 말했느냐'보다 '어떻게 말했느냐'가 훨씬 더 중요합니다.

메러비언의 실험이 보여주듯, 브랜드는 말의 내용보다 감정이 담긴 분위기에서 결정됩니다. 이제 우리는 이런 감정 요소를 실전 상황에 어떻게 녹여낼 수 있을지 살펴보려 합니다.

고객을 처음 만날 때, 소개할 때, 글을 쓸 때 — 감정은 브랜드를 만드는 모든 순간에 이미 함께하고 있습니다.

실전 적용 포인트

상황별 감정 포인트	접점 포인트
첫 만남	시선, 미소, 말투 리듬
자기소개	키워드보다 분위기
제안서·이메일	시각 톤+ 언어 톤 정렬
SNS 소개 문장	감정 연결 중심의 문장

감정 설득 사례: 드라마 〈굿 닥터〉- 감정이 반대를 설득한 순간

자폐 스펙트럼을 지닌 천재 의사 박시온.

자폐 스펙트럼을 지닌 천재 의사 박시온. 신입 레지던트 면접에 나타난 그의 모습에 이사회실 분위기는 일순간 얼어붙었습니다. "의사는 빠른 판단과 소통이 핵심인데…", "이 친구는 환자에게 오히려 위협이 될 수도 있겠군." 대부분의 반응은 싸

늘했습니다. 그의 의학 지식이나 자격보다'감정과 공감 능력'이 결여되어 있을 것이라는 선입견이 우선이었습니다. 그러던 중, 결정적인 상황이 벌어집니다. 이사회에서 시온의 적합성을 두고 논의 중이던 날, 그는 응급실에서 현장 실습 중이었습니다.

바로 그때, 어린아이가 유리문에 부딪혀 경동맥이 절단된 채 실려오는 위급한 사고가 발생합니다. 생명을 구할 수 있는 시간은 단 몇 분. 의사들은 당황했고, 책임 전가와 망설임이 흐르는 가운데 — 가장 말이 없던 시온이 누구보다 먼저 움직입니다.

"출혈량 1,200ml 이상. 목정맥 확보 먼저. 바로 소생술 들어갑니다." 말은 느렸지만, 손은 정확했고 판단은 명확했습니다. 기구를 막으려 몸을 던진 순간, 그는 외쳤습니다: "지금, 이 아이부터 살려야 해요." 그 장면은 병원 내부 CCTV를 통해 회의실에도 생중계되고 있었습니다. 차가운 공기 속, 모니터 속 그의 눈빛만이 유일하게 뜨거웠습니다.

이사진들은 화면을 통해, 말보다 먼저 도착한 시온의 감정과 진심을 목격합니다. 어린 환자의 손을 꼭 붙잡고, 간절한 눈빛으로 생명에 집중하던 그의 모습은 어떤 설명보다 깊은 울림을 남깁니다. 그 울림은 논리가 아닌, 한 사람의 숨결과 눈빛이 전한 신뢰였습니다. "우리가 놓친 게 있었군요. 이 친구는… 의사가 맞습니다." 그렇게 그는 정식 레지던트로 채용됩니다.

이 장면은 위기를 넘어, 사람의 판단을 바꾼 감정의 순간입니다. 그를 이해하지 않았던 사람들의 '입장'을 바꾼 순간이자, 감정의 울림이 사람의 판단을 바꾸고, 신뢰를 만든 순간이었습니다.

✖ 감정으로 되돌아본 정의

감정은 말보다 먼저 도착해 신뢰의 온도를 결정짓는 브랜드의 첫 분위기다.

02

감정은 말의
진심을 만든다

: 말보다 먼저 전해지는 감정의 언어

정보는 사실을 전달하지만, 감정은 기억에 머물고, 마음에 남습니다.

◆ 실제 코칭 사례: "고객 응대에서의 감정 언어"

한 여행사의 상담팀장이 있었습니다. 같은 항공권 취소 안내를 하는데도, 어떤 직원은 "규정상 환불이 어렵습니다."라고 말했고, 다른 직원은 "안타깝지만, 이 일정은 규정상 환불이 어려운 상황이에요. 조금 더 도와드릴 수 있는 부분이 있을까요?"라고 말했습니다.

표현은 같았지만, 하나는 설명이고 하나는 진심 어린 소통이었습니다.

고객은 어떤 말을 들었는지는 잊었지만, 어떤 감정을 느꼈는지는 오래 기억했습니다. 말은 사라졌지만, 그날의 따뜻한 공기만은 마음에 남았습니다.

감정 언어는 브랜드의 톤을 만든다

같은 의미라도, 감정이 실린 말과 기능적으로 전달된 말은 전혀 다르게 들립니다. 브랜드를 만드는 언어는 단순한 정보 전달이 아니라, 상대의 마음을 여는 '감정의 문장'에서 시작됩니다.

감정 언어 vs 기능 언어

구분	감정 언어 예시	기능 언어 예시
고객 응대	"오시느라 힘드셨죠?"	"무엇을 도와드릴까요?"
상담 시작	"오늘 하루, 괜찮으셨어요?"	"시간 괜찮으세요?"
자기소개	"저는 불안한 사람 옆에, 법 대신 안심을 전하는 일을 하는 사람입니다."	"저는 변호사입니다."

감정 언어의 본질은 태도입니다. 태도는 말에 결을 입히고, 그 결이 오래도록 마음에 남습니다. 감정 언어는 단순한 화법이나 기술이 아닙니다. 그보다 먼저, 상대의 마음을 헤아리려는 태도에서 시작됩니다. 정확한 정보보다, 따뜻한 한 문장, 따뜻한 리듬이 브랜드의 인상을 결정합니다.

✘ 감정으로 되돌아본 정의

감정은 말에 진심을 입히고, 브랜드의 목소리를 만든다.

03

익숙한 나를 감정으로
새롭게 정의하다

: 감정이라는 언어로, 나를 다시 읽는 연습

퍼스널 브랜딩은 익숙한 '나'를 감정 언어로 바라보는 여정입니다.

"나는 어떤 감정의 사람인가요?"라는 질문은, 자기 인식의 문을 엽니다. 감정은 지금 이 순간, 가장 진실하게 나를 드러내는 언어입니다.

◆ 실제 코칭 사례: 감정의 색으로 나를 표현하기

한 코칭 워크숍에서 진행자가 이런 질문을 던졌습니다. "지금의 나를 색으로 표현한다면, 어떤 색인가요?" 처음엔 모두

망설였습니다. 그러다 조용히 한 사람이 손을 들었습니다. "저는… 회색 같아요." 정적이 흐른 뒤, 누군가 조심스럽게 물었습니다. "어떤 의미에서의 회색인가요?" 그녀는 천천히 대답했습니다. "회색은 조용한 안정감 같아요. 화려하진 않지만 중심을 잡아주고, 너무 튀지 않게 조화를 이루는 색이죠. 저는 그런 사람으로 기억되고 싶어요."

그 순간, '회색'이라는 단어에 담긴 감정이 다르게 들리기 시작했습니다. 그녀의 말은 단순한 색의 선택이 아니라, 감정 언어로 자신을 정직하게 바라본 깊은 통찰이었습니다. 동시에, 그녀의 브랜드 색도 함께 정해졌습니다. 그 색은 단순한 이미지가 아니라, 평생 지켜갈 감정의 온도였습니다. 그녀는 이후 자신의 브랜드 정체성을 이렇게 정의했습니다: "조화", "균형", "내면의 단단함"

"그렇게 감정은, 익숙한 나를 다시 보게 하고 브랜드의 본질을 다시 구성하기 시작합니다."

감정을 통해 나를 새롭게 언어화하다

"감정은 내가 나를 알아보는, 첫 번째 신호입니다. 지금 느끼는 감정은 내가 중요하게 여기는 가치와 태도를 말해주고,

그 감정을 이해하는 과정은 곧 브랜드 정체성을 설계하는 시작점이 됩니다. 이 흐름은 심리학과 뇌과학에서도 다음과 같이 설명됩니다."

심리학자 맥아담스(McAdams)는 "사람은 자신의 경험을 이야기로 구성하며 정체성을 만들어 간다"고 말합니다.

또, 신경과학자 다마지오(Damasio)는 "감정은 자기 인식의 핵심 메커니즘"이라고 설명합니다.

심리학, 신경과학, 브랜딩, 코칭의 통합적 관점을 바탕으로 설계된 이 프레임은 '나는 누구인가'라는 질문에 감정을 통해 접근하고, 나만의 언어로 정의하기 위한 것입니다. 그 질문 앞에서, 우리는 잠시 멈춰야 합니다. 마음이 대답을 찾을 시간을 주기 위해서. 사람은 머리보다 마음으로 자신을 먼저 인식합니다. 감정을 통해 자신을 바라보고, 그 감정을 말로 풀어가는 과정이 바로 '브랜드 정체성'의 시작입니다.

감정 기반 자기 정의 프레임

단계	스스로에게 던지는 질문	감정 기반 언어화 예시
감정 인식	나는 어떤 감정의 사람인가요?	따뜻함, 차분함, 에너지 넘침, 낯가림, 배려, 활기
감정 해석	그 감정은 어떤 나의 가치를 반영하나요?	진정성, 안정감, 열정, 신중함, 공감, 신뢰, 도전
언어화	한 문장으로 나를 표현한다면 어떻게 말할 수 있을까요?	"저는 **따뜻한 감정**을 통해 **공감을 전하는 사람**입니다."
		"저는 **차분함으로 안정감**을 주는 존재가 되고 싶습니다."
		"저는 **에너지를 나누며, 도전하는** 분위기를 만드는 사람입니다

이 프레임은 단순히 감정을 나열하는 것이 아닙니다. 감정 언어 기반 브랜드 프레임의 핵심은 <u>내가 주로 남기는 감정→ 그 감정이 전달하는 가치→ 그걸 문장으로 표현하는 일입니다.</u>

모든 단계가 연결되어야 설득력이 생기고, 브랜딩 언어로 기능합니다.

한 줄의 브랜드 문장은 '나는 누구인가'에 대한 감정 기반 선언입니다. 그리고 그 문장은, 설명이 아닌 느낌의 기억으로 사람들의 마음에 남습니다.

"단 한 줄이라도, 감정은 당신을 설명하는 가장 설득력 있는 언어입니다."

✘ 감정으로 되돌아본 정의

감정은 익숙한 나를 브랜드로 다시 정의하게 하는 진짜 질문이다.

04

감정은 브랜드를
일관되게 만든다

: 브랜드의 인상은 감정의 반복 구조로 형성된다

신뢰는 감정의 일관성에서 만들어집니다. 말, 행동, 디자인, 소개 문구 — 모든 접점에서 동일한 감정의 리듬이 흐를 때, 브랜드는 정체성 있는 인상으로 기억됩니다. 하지만 이 일관성은 '논리'보다 '감정'에서 출발합니다. 감정은 브랜드가 전달하는 보이지 않는 공기이며, 모든 커뮤니케이션에 흐르는 정서적 톤입니다.

감정 기반 브랜딩 요소의 배경

감정 기반 브랜딩은 단순한 감각이 아니라, 인지심리학과 브랜드 커뮤니케이션 이론에 근거한 설계입니다. 감정은 사람의 주의를 끌고(attention), 기억을 형성합니다(memory). 그리고 브랜드 신뢰는 정서의 일관된 반복을 통해 쌓입니다.

"정보는 잊히지만, 감정은 남는다."
→ 감정 일관성(Emotional Value Consistency) 이론의 핵심 메시지입니다.

◆ 감정 기반 브랜딩 사례: 이금희 아나운서

"브랜드는 말이 아닌, 감정의 반복 구조로 기억된다."

이금희 아나운서는 단지 말을 잘하는 아나운서가 아닙니다. 사람들은 그녀를 "마음을 여는 사람", 혹은 "감정을 말할 용기를 건네는 사람"으로 기억합니다. 그녀의 브랜드는 정보 전달의 기술이 아니라, 감정의 반복된 언어와 태도로 완성된 것입니다.

그녀의 감정기반 브랜드 요소들

구성 요소	예시	설명
존재 인정 언어	"마음 무거우셨죠?"	감정을 먼저 열어주는 따뜻한 시작

감정 중심 질문	"그때 기분은 어떠셨어요?"	사실보다 감정에 초점을 둔 질문
표현 리듬	고개 끄덕임, 여백, 침묵	말을 덧붙이기보다 감정을 기다려 주는 리듬
이미지 톤	조율된 미소, 부드러운 시선	긴장을 풀어주는 안정적 인상
감정의 일관성	뉴스·토크쇼·인터뷰 등 모든 포맷에서 동일한 정서 흐름	브랜드 감정의 신뢰성 확보

그녀의 말투, 시선, 표정, 질문 방식까지 — 모든 언어와 비언어 요소들이 하나의 감정 리듬으로 정렬되어 있습니다. 그 결과, 이금희 아나운서는 "정서적 공간을 열어주는 사람"이라는 브랜드 인상을 확립했습니다. 사람들은 그녀와의 대화를 '정보'가 아닌 '마음의 기억'으로 간직했습니다. 감정 기반 브랜딩은 슬로건이 아닙니다. 모든 접점에서 감정 언어가 반복되고, 그 리듬이 쌓일 때 진짜 브랜드가 만들어집니다.

✘ 감정으로 되돌아본 정의

감정은 반복될 때, 신뢰를 넘어 브랜드의 일관된 정체성이 된다.

✘ 감정 언어 기반 브랜드 철학 인사이트

감정은 관계를 시작하게 하고, 신뢰를 지속하게 한다. 감정 없는 연결은 오래 머물지 못한다. 사람은 정보를 주고받지만, 감정으로 연결되고 기억된다.

한 사람의 눈빛만큼 강한 건 없습니다. 머물고 싶은 그 느낌, 어떤 감정이었나요? 지금 떠오른 한 단어로 당신의 감정 언어를 이 챕터 안에 잠시 머무르게 해보세요.

✘ 마음에 여운을 남기는 셀프 코칭 질문

- 나는 타인과의 관계에서 어떤 감정을 먼저 건네고 있는가?
- 나의 콘텐츠는 공감의 언어를 담고 있는가?
- 나는 관계를 만들고 있는가, 아니면 지속적인 연결을 만들고 있는가?

그 감정이 반복될수록, 브랜드는 설명이 아닌 '공기처럼 스며드는 기억'이 됩니다. 철학이 되어 한 문장으로 응축되는 순간, 브랜드의 정체성이 드러납니다. 이제, 그 감정이 여러분 마음속에 흐르고 있나요? 천천히 그 공기를 손끝으로 따라 내려와 보세요. 그러면 자연히 떠오르는 한 단어 — 그게 당신의 브랜드 시작이 될 수 있습니다.

— **[CHAPTER 2 워크시트]** —

감정 기반 브랜드 정의
& 감정 언어 정렬 훈련

: 기억에 남는 브랜드는 감정으로 설계된다

퍼스널 브랜딩은 '설명'이 아니라 '느낌'입니다. 이 워크시트는 자신의 감정 언어, 브랜드 리듬, 그리고 정서적 일관성을 점검하고 정렬하기 위한 실전 훈련 도구입니다.

STEP 1. 감정 자각 질문

나는 어떤 감정의 사람으로 기억되고 싶은가요?

최근 나의 말투, 표정, 이미지는 그 감정을 잘 전달하고 있었나요?

나의 감정 톤 키워드 3가지를 적어보세요. 예시: 따뜻함, 신중함, 유쾌함 등 (※감정뿐 아니라 분위기 성향도 가능합니다. 예: 단단함, 여유, 투명함 등)

감정 키워드 ①	감정 키워드 ②	감정 키워드 ③

STEP 2. 감정 언어 전환 실습

기억에 남은 피드백에는 어떤 감정이 연결되어 있었나요? 아래 '기능 언어'를 감정 중심 언어로 바꿔보세요.

감정 언어로 전환	기능 언어 예시
"오시느라 힘드셨죠?"	"무엇을 도와드릴까요?"
"저는 함께 걸으며 방향을 제안하는 사람입니다."	"저는 강사입니다."
"지금 마음속에 맴도는 궁금함이 있으신가요?"	"질문 있으신가요?"
"당신의 흐름에 자연스럽게 이어지도록 다음을 준비해 두었어요."	"다음 일정 알려드릴게요."

나의 자기소개를 감정 언어로 바꿔보기

→ "저는_____ 사람입니다." (예시: "저는 불안한 사람 곁에, 조용한 안심을 전하는 사람입니다.")

STEP 3. 감정 일관성 체크리스트

브랜드의 말투, 글, 디자인, 표정에 동일한 감정 흐름이 일관되게 반영되고 있는지 확인해 보세요.

접점	현재 표현 톤	감정 일치 여부	개선 방향
이메일 첫 문장	"확인 부탁드립니다."	☐ 있다 ☐ 없다	→ "편하게 살펴보시고 편한 시간에 말씀 주세요."
SNS 소개 문구	"브랜딩 전문가"	☐ 있다 ☐ 없다	→ "공감의 공기를 설계하는 브랜딩 파트너입니다."
상담 마무리 멘트	"문의 있으시면 연락 주세요."	☐ 있다 ☐ 없다	→ "언제든 편히 들러주세요. 저는 늘 여기에 있습니다."
프로필 문장	"코치/ 기획자/ 강사"	☐ 있다 ☐ 없다	→ "혼란 속에서 본질을 가리키는 사람입니다."

감정 기반 브랜드 문장 정리

자신의 브랜드를 감정 언어로 정리해 봅니다. 단어보다 먼저 도착하는 감정의 문장을 만들어 보세요.

예시 완성 문장

"저는 따뜻한 리듬과 조화로운 말투로, 고객에게 안정과 여운을 남기는 사람입니다

나의 브랜드 감정 언어 선언문:

"저는_____ 사람입니다."

감정은 브랜드의 공기를 만듭니다. 그 공기는 단어보다 먼저 도착하고, 설명보다 오래 기억됩니다. 그 한순간의 감정, 그것이 브랜드가 됩니다. 이제, 그 느낌을 한 문장으로 꺼내보세요. 당신의 감정이 브랜드의 시작입니다. 다음 장에서는 그 감정이 어떻게 '철학'이라는 형태로 완성되어 가는지를 함께 걸어가겠습니다. 감정이 철학이 되는 여정, 지금부터 시작됩니다.

CHAPTER 03.

감정은 먼저
형태로 말을 건넨다

: 디자인과 말투, 그리고 태도가
먼저 감정을 전한다

"사람은 단어보다
감정의 색감에 더 오래 머문다."

— 에바 헬러(Eva Heller)

감정은 보이지 않는 메시지를 전한다

: 디자인, 말투, 몸짓 하나까지
브랜드의 온도를 만든다

명함 하나를 받은 적이 있습니다. 회색 바탕, 깔끔한 폰트, 정돈된 레이아웃 — 디자인적으로는 흠잡을 데 없는 완성도였지만, 마음 한구석이 조용히 식어갔습니다. 그 사람이 말했습니다. "신뢰를 주고 싶었어요." 하지만 사람들은 이렇게 말하곤 했습니다. 왠지… 거리감이 느껴졌어요." 그 순간 깨달았습니다.

디자인은 말하지 않아도, 감정을 스며들게 합니다. 그리고 그 감정은, 이미 마음의 문을 활짝 열어놓았거나, 소리 없이 잠가버리고 있었습니다. 말투, 표정, 행동까지 — 비언어적 요소들은 모두 감정을 먼저 말하고 있었습니다. 형태가 전한 공기 속에서, 우리는 의미보다 먼저 감정을 느낍니다. 그 공기가 신뢰를 여는 첫 숨결이 됩니다.

이 장에서는 감정 기반 퍼스널 브랜딩을 위해 디자인, 말투, 행동, 언어를 어떻게 감정적으로 정렬할 수 있을지를 살펴봅니다.

✓ 감정→ 표현 방식→ 정체성→ 신뢰, 이 연결 고리의 출발점은 '형태에 담긴 감정'입니다.

01

감정이 먼저
말을 거는 디자인

: 보이는 것이 아니라 느껴지는 브랜드

디자인은 정보의 정렬이 아닙니다. 디자인은 감정을 구조화하는 언어입니다. 색상, 여백, 폰트, 정렬 방식 하나하나가 브랜드가 말하지 않아도 감정을 스며들게 만듭니다.

◆ 실제 코칭 사례: "리브랜딩으로 감정의 공기를 바꾼 에스테틱 클리닉"

그날, 한 에스테틱 원장은 고객이 건넨 한마디에 마음이 순간 고요해졌습니다. "디자인이 너무 차가워서, 메뉴얼 전체를 보기도 전에 마음이 닫혔어요." 짧은 문장이었지만, 그 속에는 고객이 느낀 내면의 온도가 선명하게 담겨 있었습니다. 그는 그 자리에서, 디자인이 단순한 '외형'이 아니라 '공기'라는 사실을 다시 깨달았습니다.

리브랜딩을 의뢰하며 그는 이렇게 말했습니다. "사람은 텍스트보다 분위기를 먼저 읽는다는 걸 알게 됐어요. 디자인은 눈에 보이기보다, 감정을 스며들게 하는 언어입니다." 그 말처럼 ― 따뜻한 색감은 긴장을 풀고 감정을 초대합니다. 여백과 균형 잡힌 구조는 말없이 안정과 신뢰를 불어넣습니다. 그렇게 완성된 '공기'는 오래 머물며, 사람의 마음속에 잔향처럼 남습니다.

심리학자 에바 헬러는 『색채 심리학』에서 이렇게 말합니다. '색상은 보는 사람의 감정 반응을 결정하는 비언어적 메시지다.' 그녀의 연구에 따르면, '파란색'은 전체 응답자의 약 45%가 '신뢰', '지속성', '전문성'을 연상하는 색으로 꼽았습니다. 반면 '빨간색'은 '에너지'와 '긴장', '주의'를 유발하는 색으로 기억되었습니다.

색은 단순한 시각 요소가 아니라, 감정을 선명하게 각인시키는 무언의 언어입니다. 그래서 우리는 이렇게 물어야 합니다. "내 브랜드의 형태는 지금, 어떤 감정의 공기를 남기고 있는가?" 그리고 그 답은, 감정을 막연하게 느끼는 것이 아니라 구체적으로 들여다볼 때 비로소 드러납니다. 바로 지금, 당신의 브랜드가 어떤 감정의 색과 온도를 담고 있는지 점검해 봅니다.

감정 시각화 점검표

디자인 속 감정이 어떻게 드러나는지를 점검해 보세요.

항목	지금 내 브랜드 상태	감정 전달 점수 (1~10)	개선 포인트
브랜드 첫 인상	차가움/ 부드러움 / 따뜻함 등		컬러 톤 조정, 여백 강조, 미소 포함된 이미지
명함/서류 디자인	정돈됨/ 산만함 / 여백 있음		감정 중심 문장 포함, 구조 재정렬
SNS/소개 글 이미지	감정 위주/ 기능 위주		톤 일관성 확보, 따뜻한 색감 사용

우리는 머리로 이유를 찾지만, 발걸음을 옮기게 하는 건 늘 마음입니다.

✖ 감정으로 되돌아본 정의

감정은 보이는 디자인보다 먼저, 느껴지는 분위기로 말을 건다.

"색과 여백이 문을 열었다면, 시선과 호흡이 그 방의 공기를 만듭니다. 다음은 태도입니다.

02

감정은
태도로 흐른다

: 말보다 앞서 마음을 움직이는 건, 눈빛과 리듬

"회의실 문을 열기 전, 이미 상대의 하루가 힘들었음을 어깨의 기울기로 느낄 때처럼." 우리는 누군가를 만났을 때, 그가 말을 꺼내기도 전에 이미 '느낌'을 받습니다. 눈빛과 자세, 미소와 호흡의 속도 ― 이 모든 비언어적 요소들이 말보다 먼저 감정을 설계합니다. 그리고 그 감정이, 말보다 먼저 브랜드의 분위기를 결정합니다. 퍼스널 브랜딩은 언어보다 분위기의 리듬으로 전해지는 감정입니다. 눈빛은 말보다 먼저 감정을 흔들고, 자세는 말보다 먼저 신뢰를 쌓습니다.

감정은 형태 이전의 태도로 흐릅니다

심리학자 앨버트 메러비언(Albert Mehrabian)의 연구에 따르면, 사람이 타인의 감정을 인식할 때 다음과 같은 요소들이 영향을 미칩니다:

요소	영향 비율	설명
시각적 요소	55%	표정, 자세, 제스처 등
음성적 요소	38%	말투, 억양, 속도 등
언어적 요소	7%	실제 말의 내용

우리는 말의 내용보다 먼저, 표정의 여백과 말투의 리듬에서 감정을 느낍니다. 감정은 늘 말보다 앞서, 태도의 결로 흘러 들어 갑니다.

감정 태도 표현 점검표, 내 브랜드의 현재 비언어적 전달 상태를 점검해 보세요.

항목	지금 내 브랜드 상태	감정 전달 점수 (1~10)	개선 방향
브랜드 첫 인상	차가움/ 따뜻함 등		시선 유지, 부드러운 말투
말투/ 제스처	자연스러움/ 긴장감		리듬 조율, 손동작 사용
소개 문구 톤	건조/ 감정 포함		감정 키워드 포함 소개로 전환

✕ 감정으로 되돌아본 정의

감정은 말보다 먼저 흐르며, 공기의 리듬으로 브랜드를 만든다.

표정과 말투를 넘어, 사람마다 고유한 감정 속도가 있습니다. 이제 그 리듬을 구조로 봅니다 ― DISC.

03

나는 어떻게
감정을 전하고 있을까

: DISC로 나의 감정 리듬을 해석하다

감정 표현은 브랜드의 리듬입니다. 누구나 감정을 표현하지만, 그 방식은 사람마다 다릅니다. 말의 속도, 표정의 여유, 리액션의 기, 침묵의 길이 — 이 모든 감정 표현들이 쌓여 한 사람만의 고유한 리듬을 만듭니다. 퍼스널 브랜딩은 그 리듬을 인식하고 조율해 가는 감정의 여정입니다. 이 흐름을 이해하는 데 가장 실용적인 도구가 바로 DISC입니다.

DISC는 우리가 무의식적으로 사용하는 말투, 표정, 감정 표현 속도 속에 숨겨진 '감정의 언어'를 비추는 거울입니다.

감정은 흐름이고, 파동이며, 리듬입니다

사람마다 고유한 감정의 결이 있습니다. 어떤 이는 빠른 말투와 단호한 표현으로 감정을 밀어붙이고(D형), 어떤 이는 여백 많은 말투와 섬세한 시선으로 감정을 조율합니다(C형). 이 감정의 파동이 브랜드가 남기는 감정의 인상을 형성합니다. DISC는 나의 감정 표현 흐름을 이해하게 돕고, 상대와의 충돌을 공감의 구조로 전환하도록 도와줍니다.

DISC 감정 리듬 설계 툴킷

DISC 감정 리듬 설계 툴킷은 1928년 윌리엄 마스턴(William Moulton Marston)의 심리학 이론을 바탕으로, 감정 표현 양식을 행동 유형별로 해석한 대표적 성격 분석 도구입니다. 감정 표현 방식이 브랜드 인상에 미치는 영향이 크기 때문에, DISC는 퍼스널 브랜딩에 있어 매우 실용적인 감정 인식 도구입니다.

DISC 유형	감정 표현	전달 인상	시각 톤	언어 키워드
D형	결단력, 속도감	추진력, 단호함	진청, 강한 대비	리더십, 행동

I형	유쾌함, 풍부함	에너지, 친근감	밝은 톤, 곡선	활력, 매력
S형	따뜻함, 일관성	안정감, 편안함	뉴트럴톤, 여백	배려, 지속성
C형	정제된 표현	차분함, 전문성	네이비, 도표형	분석, 신뢰

◆ **실제 코칭 사례: "감정의 속도를 이해한 팀의 변화"**

한 기업의 리더십 코칭 현장에서 만난 D형 팀장과 C형 신입사원. 두 사람은 반복적으로 감정 충돌을 겪고 있었습니다. "팀장님은 너무 성급해요."; "신입은 너무 조심스러워서 답답하게 느껴졌어요." 겉으로는 '스타일 차이'처럼 보였지만, 실제로는 감정 리듬의 속도와 표현 방식의 불일치였습니다. 팀장은 빠르게 행동하고, 신입은 정확함을 먼저 따졌습니다.

서로의 감정 속도와 표현 방식이 다르다는 사실을 DISC 진단을 통해 인식하게 되었을 때, 변화의 문이 열리기 시작했습니다. 그들과의 코칭 대화에서 저는 이렇게 제안했습니다. "상대의 감정 속도를 존중하는 것도, 팀워크의 중요한 언어입니다." 이 한 문장을 시작으로, 두 사람은 리듬을 조율하기 시작했습니다. 팀장은 말의 속도를 한 템포 늦추었고, 신입은 피드백 타이밍을 조금 더 앞당겼습니다. 그리고 그 조율이 쌓이자, 감정의 충돌은 '갈등'이 아니라 '흐름'이 되었습니다. 이제 그들은 서로의 말을 자르지 않고, 한 박자 쉬어가며 듣는 팀이 되었고, 감정은 부딪히는 것이 아니라, 함께 맞춰가는 리듬이 되었습니다. 그리고 어느 날, 그들이 이렇게 말했습니다. "예전엔 일 잘하는 방법만 고민했는데, 지금은 서로의 속도를 존중하는 게 진짜 팀워크라는 걸 알게 됐어요."

이 이야기는 단지 한 팀의 갈등 해결이 아닙니다. 감정은 그 자체로 정보이며, 관계의 리듬을 조율하는 출발점임을 보여주는 실제 사례입니다. 지금 우리에게 필요한 건 더 강한 주장이나 더 빠른 실행보다, 서로의 감정 속도에 귀 기울이는 감정 인지의 태도일지도 모릅니다. 속도는 곧 감정의 온도고, 그 감정 위에 리듬을 맞추는 것이 바로 지속 가능한 팀워크와 브랜드 신뢰의 본질입니다.

감정의 파동은 브랜드의 에너지다

감정의 리듬은 말투·표정·호흡·단어 선택에 고스란히 스며 들어있습니다. 사람들은 바로 그 '공기'를 통해 브랜드를 기억합니다. 말의 속도는 설득력을 만들고 표정의 여유는 안정감을 전하며 단어의 결은 철학을 보여주고 리듬의 조율은 신뢰를 설계합니다. 감정의 흐름을 이해한 사람은 말보다 먼저, '느낌으로 존재하는 사람'이 됩니다.

DISC 유형별 인물 감정 리듬 사례

유형	대표 인물	대표 프로그램 행동 패턴	감정 표현 흐름	말투 & 표현	인상 형성 키워드
D형 (주도형)	김종국, 이찬원, 기안84	리더십 발휘, 강한 추진력 (런닝맨, 펀 레스토랑 등)	직진형·속도감 있는 감정 표현	단도직입적, 빠른 결정	강단, 추진력, 신뢰
I형 (사교형)	하하, 한해, 박나래, 코드 쿤스트	분위기 주도, 리액션 강함 (놀면 뭐하니, 펀 레스토랑 등)	밝고 유쾌한 감정 전달	에너지 넘침, 감정 표현 풍부	친화력, 활력, 매력
S형 (안정형)	유재석, 성시경, 이장우	주변 케어, 분위기 중재자 (나혼자산다, 유퀴즈 등)	안정적·배려 중심	부드럽고 조율력 있음	따뜻함, 배려, 일관성
C형 (분석형)	전현무, 이수현, 이주승	논리·정보 중심 표현 (문명특급, 알쓸신잡 등)	신중하고 정제된 감정 흐름	정확한 단어 선택, 감정 절제	전문성, 논리, 신뢰

지금 당신의 감정은 어떤 리듬으로 흐르고 있나요?

✘ 감정으로 되돌아본 정의

감정은 나를 해석하고, 연결 방식을 디자인하는 거울이다.

"조율된 감정의 리듬은 결국 한 장의 이미지로 남습니다. 다음은 그 기억의 형태입니다."

감정은 이미지로 기억된다

: 브랜드 인상은 시각의 감정 구조로 남는다

사람은 브랜드의 기능보다, 그 브랜드가 전하는 감정의 이미지로 기억합니다. 브랜드 전략가 케빈 레인 켈러는 CBBE 모델을 통해 이렇게 말합니다. "브랜드 인식은 단순한 정보가 아니라, 감정·이미지·의미의 구조로 형성된다." 즉, 브랜드는 기능 중심이 아닌 감정 중심으로 출발하며, 그 감정은 결국 시각적 이미지로 각인됩니다.

감정 기반 이미지 설계: DISC + CBBE 통합 프레임

사람마다 감정의 리듬(DISC)이 다르고, 그 감정은 시각적 구조(CBBE)와 연결되어 '이미지 인상'으로 기억됩니다.

DISC 유형	추천 이미지 톤	브랜드 이미지 강조 포인트
D형	강한 대비, 키워드 강조	직선적, 리더십
I형	생기 있는 컬러, 곡선	유쾌함, 에너지
S형	뉴트럴 톤, 여백 중심	부드러움, 조화
C형	정돈된 구성, 네이비 계열	전문성, 논리

이 프레임은 감정의 흐름(DISC)을 시각 이미지 구조(CBBE)로 연결함으로써, 브랜드의 인상 흐름을 정교하게 설계하도록 도와줍니다.

감정기반 브랜딩 사례: 나영석 PD

나영석 PD는 '말보다 먼저 신뢰를 주는 사람'으로 기억됩니다. 그의 연출에는 거창한 대사 대신, 표정·리듬·분위기 같은 감정의 언어가 자연스럽게 스며 있습니다.《삼시세끼》《꽃보다 청춘》《윤스테이》《알쓸신잡》 등 그가 만든 프로그램은 포근한 분위기가 여백을 브랜드 정서로 정립합니다. 사람들은 그의 연출을 통해 '마음이 편해지는 브랜드', '느낌이 좋은 사람'으로 기억합니다. 그의 브랜딩은 콘텐츠의 품질만이 아닌, 화면 너머에 흐르는 감정의 공기까지 함께 설계됩니다. 그는 말이 아닌 '감정이 흐르는 분위기'로 존재를 말하는 사람입니다. 브랜드는 말보다 먼저, 감정의 공기를 기억합니다. 그리고 그 공기가, 마음속에 오래 남습니다.

✖ 감정으로 되돌아본 정의

감정은 이미지로 구조화되어, 브랜드의 정체성을 시각으로 각인시킨다.

✖ 감정 언어 기반 브랜드 철학 인사이트

사람은 논리로 설명하지만, 감정을 선택한다.
감정은 선택의 기준이자, 정체성을 드러내는 방향표다.
결국 남는 브랜드는, 감정이 닿은 가치로 선택된 브랜드다.

그래서 우리는 브랜드를 논리보다 먼저 느낌으로 기억합니다. 설명이 아무리 정교해도, 결국 마음에 남는 건 감정의 자취입니다. 브랜드는 말보다 먼저 다가오는 '감정의 인상'이며, 그 인상이 반복될 때, 우리는 그것을 신뢰라고 부르게 됩니다.

잠시 눈을 감고, 지금 당신 곁에 흐르는 브랜드의 온도를 느껴보세요. 그 온도가 내가 지키고 싶은 나의 브랜드이자, 내일 다시 꺼내 쓸 마음의 온도계입니다."

> ✘ **마음에 여운을 남기는 셀프 코칭 질문**
>
> - 나는 타인과의 관계에서 어떤 감정을 먼저 건네고 있는가?
> - 나의 콘텐츠는 공감의 언어를 담고 있는가?
> - 나는 관계를 만들고 있는가, 아니면 지속적인 연결을 만들고 있는가?

형태는 감정을 숨기지 않습니다. 내가 만든 모든 형태가, 결국 내가 전하고 싶은 감정의 첫 언어입니다. 이제 그 언어를 철학으로 번역할 차례입니다.

[CHAPTER 3 워크시트]

감정 기반 경험 설계

: 감정 기반 브랜드 정렬 실천하기

"브랜드는 설명이 아니라, '느낌의 구조'입니다. 그 느낌은 말보다 먼저 마음에 스며들고, 오래 머물며 선택을 이끌고 행동을 바꿉니다." 말투, 이미지, 디자인, 응대 방식. 그 안에 스며든 감정의 결이 바로 브랜드의 정체성이 됩니다.

STEP 1. 감정 이미지 점검표(CBBE 기반)

보이는 것보다 '느껴지는 것'에 주목하세요. 각 브랜드 접점이 주는 감정 이미지를 점검하고 조율해 봅니다.

항목	현재 표현 상태	전달 감정	개선 아이디어
명함 디자인	단색 중심 / 정보 위주	중립 / 딱딱함	감정 키워드 한 줄 추가, 컬러 톤 조율
제안서 표지	텍스트 위주 / 구성 혼잡	거리감 / 피로감	여백 강조, 감정 리듬이 있는 시각 흐름
SNS 프로필	정보성 문장 / 직무 중심	전문성은 있으나 건조함	감정 연결 문장, 부드러운 시각 요소 반영
이메일 서명	기능 중심 문구 / 형식적 표현	기계적, 거리감	"오늘 하루도 편히 흐르시길 바랍니다" 등 감정 언어 추가
강의/ 상담 인사	"무엇을 도와드릴까요?"	단조로움/ 기능성	"편히 쉬어가는 시간이 되셨으면 해요" 등 감정 기반 언어

브랜드는 눈에 보이는 것이 아니라, 감정이 흐르는 결로 기억됩니다.

지금 가장 먼저 감정을 담고 싶은 접점은?
→ _____

STEP 2. 감정 비언어 표현 점검(DISC 감정 리듬 기반)

말보다 먼저 도착하는 것은 '감정'입니다. 비언어 요소들이 전달하는 감정 흐름을 점검해 보세요.

행동 요소	현재 표현	전달 감정	조정 포인트
눈빛	불안/ 요동침/ 안정적	불안감/ 신뢰/ 따뜻함	시선 유지, 부드러운 응시 연습
말투	빠름/ 딱딱함/ 무표정	급함/ 거리감/ 냉정함	말의 속도 조절, 감정 어휘 포함
몸짓	제한적/ 딱딱함	긴장/ 위축감	손 제스처 정리, 움직임 여유 확보
자세	구부정/ 경직/ 안정	피로감/ 신뢰감	목·어깨 이완, 바른 정렬 의식하기

내가 말보다 먼저 전달하고 있는 감정은?
→ _____

STEP 3. 감정 리듬 정렬하기(DISC 유형별 감정 스타일)

DISC 유형별 감정 스타일을 참고해 나만의 감정 리듬을 의식적으로 설계해 봅니다.

당신의 DISC 감정 유형은? → ☐ D형 ☐ I형 ☐ S형 ☐ C형

유형	말투 스타일	표정 인상	시각 톤	감정 키워드
D형	빠르고 단도직입	강한 시선	강한 대비/ 진청	결단력, 리더십
I형	밝고 유쾌	미소 풍부	생기 있는 컬러/ 곡선	매력, 친화력
S형	부드럽고 조화로움	따뜻한 눈빛	뉴트럴톤/ 여백	안정감, 배려
C형	차분하고 논리적	절제된 표정	네이비/ 도표형	신뢰, 전문성

나의 감정 톤 요약하기

말투 리듬: ＿＿＿＿＿＿＿＿＿＿＿＿＿＿

시각 이미지 톤: ＿＿＿＿＿＿＿＿＿＿＿＿

개선이 필요한 감정 요소: ＿＿＿＿＿＿＿＿

STEP 4. 감정 이미지 요소 점검(CBBE 시각 구조 기준)

브랜드 시각 요소에서 감정을 어떻게 구현하고 있는지 인해 보세요.

요소	현재 표현	감정 유발 여부	개선 방향
컬러& 폰트	고딕체, 딥그레이	무감정, 딱딱함	세리프체, 톤온톤 조합, 감성 강조
공간·배경	사무실, 회의실	거리감/ 단조	자연광, 여백, 조명 활용
문서 구성	텍스트 과다	피로/ 논리적 접근	여백 확보, 감정 중심 레이아웃
말의 구조	건조한 논리 전개	감정 유발 부족	감정 키워드 삽입, 리듬 조율

지금 감정을 가장 먼저 담아야 할 시각 요소는?
→ _____

STEP 5. 감정 기반 브랜드 문장 만들기

DISC 리듬 + CBBE 감정 이미지 구조를 바탕으로 나만의 감정 기반 브랜드 문장을 완성해 보세요.

문장 템플릿

"저는 [감정 키워드]로 브랜드의 결을 다듬고, 고객의 마음에 [신뢰/여운/인상]을 남기는 사람입니다."

예시 문장

"저는 따뜻한 리듬과 여백 있는 말투로, 고객에게 신뢰와 편안함을 남깁니다."

"저는 정돈된 이미지와 차분한 에너지로, 브랜드의 신뢰를 설계하는 사람입니다."

나의 감정 기반 브랜드 문장

→ "저는 _____ 사람입니다."

나의 감정 기반 브랜드 문장

→ "저는 _____ 사람입니다."

당신의 브랜드는, 당신이 지금껏 감정으로 선택해온 것들의 집합입니다. 그리고 그 감정의 흐름이, 사람들 기억 속에 '느낌'으로 남습니다.

지금, 당신의 감정을 형태로 꺼내 보세요. 그 형태가 곧 당신 브랜드의 강력한 인상입니다. 다음 장에서는, 그 형태에 담긴 감정이 어떻게 '정체성의 문장'으로 완성되는지 함께 걸어가 겠습니다.

CHAPTER 04.

감정은
정체성을 만든다

: 설명이 아닌 '철학의 감정'으로
브랜드는 연결된다

"진짜 자아는 외적인 개성이 아닌,
내면의 감정 구조로 정의된다."

- 칼 융(Carl Jung)

00

감정은
철학이 된다

: 설명은 잊히지만, 감정은 흔적으로 남는다

한 CEO가 회의 자리에서 조용히 말했습니다. "회의 때 제가 무슨 말을 했는지는 다들 잘 기억 못 하더라고요. 그런데 한 팀원이 그러더군요. '대표님이 옆에 계시기만 해도 마음이 참 편안했어요.' 그 한마디는 그의 브랜드 본질을 가장 정확하게 비춘 거울이었습니다. 사람은 말을 잊어도, 그 순간 함께했던 공기의 온도는 오래 기억합니다. 그래서 우리는 스스로에게 묻게 됩니다. "나는, 어떤 감정(느낌)으로 기억되는 사람일까?" 소개팅에서 "이상형이 어떤 사람이에요?"라는 질문에 많은 이들이 이렇게 답합니다. "그냥… 느낌이 좋은 사람이요."

사람은 머리보다, 마음으로 먼저 이어집니다. 브랜드 역시 마찬가지입니다. 감정은 말보다 먼저 도착하고, 그 자리에 브랜드의 철학은 조용히 스며듭니다.

01

브랜드는
감정의 여운이다

: 감정에서 시작된 공기가 브랜드를 만든다

"계약은 잘 되는데… 고객과의 관계는 오래가지 않아요." 몇 해 전, 한 금융 상담 전문가가 내게 조심스럽게 털어놓은 말이었습니다. 그는 상담 내용을 누구보다 꼼꼼히 준비했고, 자료도 잘 정리되어 있었으며, 상담실 역시 군더더기 없이 차분했습니다. 그런데도 상담 이후, 재방문율은 현저히 낮았습니다. "상담이 끝나면… 뭔가 공허한 느낌만 남아요." 그 말속에는, 본인도 알아차리지 못한 정서적 단절감이 숨어 있었습니다. 그래서 우리는 몇 차례 상담 영상을 함께 보기로 했습니다. 녹화된 화면 속 그는 차분했고, 설명도 명확했습니다. 그러나 그 장면에는 감정의 흐름이 보이지 않았습니다.

말투는 정중했지만 온기가 없었고, 표정에는 공감의 미세한 반응이 없었습니다. 클라이언트가 이야기를 꺼낼 때도 그의 고개는 미동 없이 고정돼 있었고, 눈빛은 '분석'에서 멈춰 있었습니다.

상담 말미, 고객은 이렇게 말했습니다. "잘 들었지만… 마음에 와닿진 않네요. 생각해 보고 연락드릴게요." 그리고 연락은 오지 않았습니다. 정보는 충실했지만, 감정은 머물지 않고, 형식은 완벽했지만, 마음은 닻을 내리지 않았습니다.

감정 한 줄이 공기를 바꾸다

그 후, 우리는 상담 시작에 단 하나의 문장을 추가해 보기로 했습니다. "오늘, 마음은 좀 어떠셨어요?" 그 짧은 말이 상담실의 공기 온도를 바꾸기 시작했습니다. 처음엔 낯설어 멈칫하던 고객들도 곧 부드러운 미소를 지으며 이야기를 열었습니다. 설명보다 먼저 도착한 감정의 문장이 공간의 리듬을 바꿔놓은 것입니다

이후 고객 피드백도 이렇게 바뀌었습니다. "설명이 좋았다"; "느낌이 좋았어요."; "마음이 편해졌어요." 좋은 감정이 흐르자 관계가 이어졌고, 관계는 기억이 되었으며, 기억은 결국 신뢰로 변했습니다. 이 변화는 단순히 '기분이 좋아졌다'의 차

원을 넘어, 과학적으로도 설명할 수 있는 감정의 작동 원리와 맞닿아 있습니다.

감정은 기억의 우선순위를 바꾼다

신경과학자 조셉 르두(Joseph LeDoux)는 말합니다. "감정은 정보보다 먼저 반응하고, 기억의 우선순위를 결정한다." 사람은 누가 무슨 말을 했는지는 잊어도, 그때 느껴졌던 감정의 결은 오래 기억합니다. 기억에 남는 브랜드에는 늘 설명보다 감정이 먼저 도착합니다. 그리고 그 감정이 만든 첫 번째 공기가 브랜드를 결정짓습니다.

◆ 실제 코칭 사례: "강연 현장 변화 사례"

한 조직 교육 전문가는 강의마다 철저한 정보 전달로 호평을 받았지만, "이해는 되지만 오래 남지 않는다"는 피드백을 반복해서 받았습니다. 그는 이후 강의 도입부를 이렇게 바꾸었습니다.

Before
"오늘은 커뮤니케이션의 세 가지 전략을 말씀드리겠습니다."

After
"요즘, 말이 안 통한다고 느꼈던 가장 서운한 순간은 언제 인가요?"

이후 강의는 지식 전달이 아니라 감정 리듬을 타는 흐름으로 전환되었습니다. "이번엔 마음이 움직였어요.", "말보다 느낌이 남았어요." 말이 아닌 감정이 기억을 만들고, 감정이 정체성을 남긴다는 사실이 분명히 드러난 순간이었습니다.

✘ 감정으로 되돌아본 정의

감정은 설명보다 오래 남는 공기로, 브랜드 존재의 시작이 된다.

이제 우리는 감정이 단순한 인상 이상의 역할을 한다는 것을 알았습니다. 그렇다면 이 감정은 어떻게 브랜드의 철학으로 자리 잡게 될까요?

02

브랜드는
철학이다

: 감정을 품은 철학이 기억된다

설명은 잊혀져도, 감정은 장면으로 남습니다. 사람은 정보보다 정서의 여운을 더 오래 기억합니다. 그리고 그 감정이, 브랜드의 철학으로 각인됩니다.

◆ 실제 코칭사례 '감정의 언어'를 가진 꽃집

브랜딩 강연 후, 한 꽃집 사장님이 이렇게 말했습니다.

"저희 꽃집은 다른 데보다 조금 비싸요. 그런데도 이상하게 단골이 계속 늘고 있어요." 잠시 말을 고르던 그는, 미소 지으며 덧붙였습니다. "꽃을 건넬 때 항상 말해요. '오늘 이 꽃을 준비한 마음이, 받는 분의 마음에 꼭 닿기를 바랍니다.'" 그는 그 말을 건넬 때, 잠시 숨을 고르고 미소를 지었습니다. 끝에 묻어있던 잔잔한 떨림은, 그가 꽃을 건네는 손끝까지 전해졌습니다. 꽃을 받은 고객은 잠시 꽃을 내려다보다, 말없이 미소 지었습니다. 그 표정이 이미 답이었습니다. 그 짧은 한마디는 단순한 서비스 멘트를 넘어, 그의 브랜드 철학을 감정으로 전달하는 문장이었습니다.

그는 단순히 꽃을 파는 사람이 아니었습니다. 꽃과 함께 마음의 결을 건네는 사람이었습니다. 다시 말해, 사람들이 그 가게를 잊지 못하는 이유는 꽃이 아니라, 꽃에 스며든 '마음의 언어'를 받았기 때문입니다. 포장된 꽃다발 속에는 향기뿐 아니라 '당신을 생각한 시간'이 함께 묶여 있었습니다.

철학은 설명에서 시작되지 않습니다. 감정이 스며든 문장에서 시작됩니다. 말보다 먼저 도착한 감정의 태도는 철학을 삶으로 끌어내고, 브랜드로 남게 합니다.

✖ 감정으로 되돌아본 정의

감정은 철학을 담을 때, 브랜드는 말이 아닌 믿음이 된다.

감정은 철학을 만들고, 철학은 결국 한 줄의 언어로 응축됩니다. 사람들은 그 언어 속에서 당신의 태도와 내면을 읽고, 다시 그 감정을 기억합니다. 그렇다면, 사람들의 마음속에 남을 '그 한 문장'은 무엇이어야 할까요?

03

'한 문장 브랜드'

: 정체성을 담은 감정의 언어

말들은 흩어집니다. 그러나 어떤 말은, 평생 우리의 마음속에 흔적으로 남습니다. 심리학은 이렇게 설명합니다. '사람은 평균이 아니라, 감정의 절정과 마지막을 기억한다.'"

심리학자 다니엘 카너먼의 '피크엔드 법칙(Peak-End Rule)'은 이를 이렇게 설명합니다. "기억은 경험의 평균이 아니라, 최고점(peak)과 마지막(end)에 의해 결정된다."

◆ 실제 브랜드 사례 1: IKEA - "마지막 감정으로 기억설계"

IKEA는 고객 동선의 마지막 지점에 핫도그와 아이스크림 코너를 배치합니다. 고객들은 이렇게 말합니다. "다리는 아팠지만, 마지막 아이스크림 덕분에 기분 좋게 마무리됐어요." 쇼핑의 피로는 사라지고, 마지막에 남겨진 달콤한 감정이 브랜드 첫인상으로 새겨집니다. IKEA는 '마지막 감정'을 브랜드의 첫 기억으로 설계했습니다. 구조와 시스템이 감정을 디자인한 대표적 사례입니다.

"브랜드는 시스템이 아닌, 마지막 감정으로 기억된다."

◆ 실제 브랜드 사례 2: 스타벅스 - "이름을 불러주는 순간"

스타벅스는 커피 그 자체보다도 개인의 이름을 불러주는 문화로 유명합니다. "OOO(이름/닉네임)님, 주문하신 아메리카노 나왔습니다." 고객은 단순히 음료를 받는 것이 아니라, 존중받는 경험을 합니다. 이 작은 순간은 소비자에게 '나는 이곳에서 존중받는 개인이다'라는 정체성을 각인시킵니다.

IKEA가 시스템으로 감정을 설계했다면, 스타벅스는 작은 호명이라는 행위로 마지막 경험을 특별하게 만든 사례입니다.

"나의 이름을 불러주는 순간, 브랜드는
'존중'이라는 언어로 새겨진다."

◆ 실제 브랜드 사례 3: 배달의민족 – "문장으로 남기는 브랜드 철학"

배달의 민족은 단순한 음식 배달 서비스지만, 사람들이 가장 많이 이야기하는 건 서비스 품질이 아니라 짧은 문장들입니다. "치킨은 살 안쪄요, 살은 내가 쪄요." 이런 카피들은 단순한 유머가 아니라, 일상 속에 웃음과 여운을 남기는 감정 언어입니다. 소비자는 배달의민족을 단순한 '배달 플랫폼'이 아니라, 재치 있는 문장으로 브랜드를 구별합니다.

> "한 문장이 곧 브랜드를 구별하는 얼굴이 된다."

◆ 실제 코칭 사례: "마지막 문장의 감정"

한 커리어 코치는 매 세션의 마지막에 이렇게 말하곤 했습니다. "당신이 어디서 어떤 일을 하든, 지금처럼 진심으로 말하고, '정직'을 선택하길 바랍니다." 그리고 손으로 쓴 짧은 편지를 함께 건넸습니다. 몇 년 뒤, 한 클라이언트가 회상했습니다. "그 한 문장은, 브랜드의 기준선이 되었습니다."

> "사람은 설명이 아니라, 마지막 문장으로
> 당신의 정체성을 각인한다."

이제, 감정 기반 퍼스널 브랜딩 문장을 설계하는 핵심 프레임을 살펴보겠습니다.

감정 기반 문장은 브랜드의 정체성이다

"사람은 무엇보다 한 줄을 기억합니다. 이력서는 잊히지만, 당신이 남긴 감정의 문장은 오래 머뭅니다. 그 한 줄이 곧 당신을 정의하는 정체성 선언, 브랜드의 철학입니다."

우리는 CHAPTER 02에서 '감정→ 가치→ 언어화'의 흐름을 통해 자신만의 감정 기반 브랜드 언어를 구성하기 시작했습니다. 이제 CHAPTER 04에서는 그 흐름을 철학이 담긴 자기 정체성 문장으로 심화합니다. 이 문장은 단순한 소개가 아닌, 사람들이 당신을 기억하게 만드는 에너지 언어입니다.

감정은 신뢰의 시작이자, 브랜드의 첫 기억입니다. 그리고 그 감정을 어떻게 느끼고, 해석하고, 정의하느냐에 따라 당신의 브랜드는 기술이 아니라 철학으로 남게 됩니다. 당신의 감정 기반 정체성을 명확히 선언하는, 브랜딩의 핵심 기반 설계입니다.

이제, 그 감정의 흔적이 세상과 나를 연결해 주는 하나의 문장으로 정리될 차례입니다. "당신이 스스로 문장을 만들지 않는다면, 세상은 당신을 대신해 어떤 문장으로든 규정해 버립니다. 그리고 그 문장은 당신의 진짜 모습과는 다를 수 있습니다. 정체성을 언어로 선언하는 것은 선택이 아니라, 이제는 필수입니다."

여기서 이 문장이 중요한 이유는, 우리가 늘 말하지 않아도 누군가에게 감정으로 기억되고 있다는 사실 때문입니다. 일상 속 한순간, 당신의 말투나 태도, 침묵이 누군가에겐 기억의 온도로 남습니다. 그렇다면 우리는 이제 스스로 묻고 정의할 필요가 있습니다. "나는 어떤 감정으로 기억되고 싶은 사람인가?" 이 질문이야말로 퍼스널 브랜딩의 시작점입니다. 그리고 그 답은 단순한 느낌이 아니라, 철학이 담긴 한 줄의 정체성 언어로 정리되어야 오래 기억될 수 있습니다.

시작은 단어 하나면 충분합니다. 지금 눈을 감고, 마음속에 가장 먼저 떠오르는 감정 한 단어를 떠올려보세요. '따뜻함', '신뢰', '통찰'… 어떤 감정이라도 괜찮습니다. 그 단어는 바로, 당신 브랜드의 씨앗입니다. 이제 그 단어를 문장으로 키워볼 차례입니다. 지금 떠오른 감정을 담아 한 줄의 문장을 적어보세요. 그 문장이야말로, 세상에 남을 당신의 첫 번째 브랜드 언어가 될 것입니다. 막연했던 이야기를, 이제 설계도로 바꿔보세요. 단 세 단계만 거치면 됩니다: [감정 → 철학 → 언어] 그렇게 탄생한 한 줄의 문장은, 당신을 기억하게 만드는 브랜드가 됩니다.

[3단계 프레임]

1\. 감정 인식
"나는 사람들 마음속에 어떤 감정의 결로 기억되길 원하는가?"
→ 여운, 통찰, 진정성, 안정감…

2\. 감정 해석
"그 감정은 나의 어떤 가치, 철학, 태도에서 비롯되었는가?"
→ 존중, 명료함, 깊이, 성실함…

3\. 정체성 선언
"그 감정과 가치를 바탕으로, 나는 누구인가?"
→ "저는 말보다 여운이 길게 남는, 생각의 방향을 제안하는 사람입니다."

이 문장은 당신이 남기고 싶은 감정이 머문 자리이며, 세상에 남길 정체성의 한 줄 요약입니다. 사람들은 정보를 잊어도, 감정은 오래 기억합니다. 그리고 그 기억은, 문장으로 정리될 때 비로소 '브랜드'가 됩니다. 자, 이제 당신 차례입니다. 당신은 어떤 감정을 남기고 싶나요? 그리고 그 감정은 어떤 당신을 말해주고 있나요?

감정 기반 브랜드 문장 설계 프레임

단계	질문	예시 응답
감정 인식	나는 사람들의 마음속에 어떤 감정의 결로 남고 싶은가?	여운, 통찰, 진정성, 안정감
감정 해석	그 감정은 나의 어떤 태도, 철학, 내면 가치에서 비롯되었는가?	존중, 명료함, 깊이, 성실한 일관성
정체성 선언	그 감정과 가치를 바탕으로 나는 누구인가?	"저는 말보다 여운이 길게 남는, 생각의 방향을 제안하는 사람입니다."

'감정→ 가치→ 정체성'의 흐름은, 브랜드가 머무는 감정의 철학을 완성합니다. 그리고 그 철학은, 단 한 줄의 문장으로 세상에 드러납니다.

감정 기반 브랜드 문장 예시 확장

브랜딩은 말솜씨보다도 어떤 감정의 여운을 남겼는가에 따라 정체성이 형성됩니다.

감정 인식	감정 해석	정체성 문장
여운	울림, 정서적 잔상	"저는 대답보다 질문으로 더 오래 기억되는 사람입니다."
진정성	일관성, 정직함	"저는 말과 마음이 어긋나지 않는 사람이고자 합니다."
통찰	방향 제시, 맥 짚기	"저는 복잡한 흐름 속에서 본질을 꺼내주는 사람입니다."
균형	조율, 관계 감각	"저는 급한 말보다 균형 잡힌 온도로 소통하는 사람입니다."
겸손	경청, 자기 절제	"저는 말보다 마음의 속도를 먼저 읽는 사람입니다."

"이 문장들은 단어가 아닌 감정으로 설계된 자기 정의이며, 사람들의 기억에 정서의 잔상으로 남습니다."

→ 잠시 눈을 감고, 그 순간 내가 어떤 표정이었는지 떠올려 보세요. 그 장면이 바로, 당신의 브랜드 문장 속에 스며들 감정입니다.

"당신은 지금, 어떤 감정으로 기억되고 싶나요? 그 답이 바로, 당신의 브랜드 문장이 될 것입니다."; "세상이 언젠가 당신의 이름 대신 한 문장을 말하게 될 때, 그 문장이 어떤 감정이길 바라나요?"

> ✖ 감정으로 되돌아본 정의

감정은 문장으로 응축될 때, 존재를 대신해 말을 건넨다.
단 한 문장의 감정 언어가 브랜드의 정체성을 가장 압축된 방식으로 전달한다.

04

감정선은 정체성과
신뢰를 잇는다

: 브랜드 감정선 설계 가이드

첫인사에서 마지막 작별 인사까지 흐르는 그 보이지 않는 온도가 바로 '감정선(Emotional Line)'입니다. 감정선이 무너지면 신뢰는 흔들리고, 일관되게 흐르면 신뢰는 쌓입니다. 이 일관된 온도가 바로 '감정선(Emotional Line)'이며, 브랜드의 신뢰를 조용히 축적하는 보이지 않는 흐름입니다. 감정선의 설계는 단순히 '좋은 인상'이나 '멋진 느낌'을 만드는 문제가 아닙니다. 겉으로는 감각처럼 보이지만, 그 본질은 심리학·브랜딩·UX 설계의 핵심 원리와 맞닿아 있습니다.

심리학과 브랜딩 이론, UX 디자인 원칙은 공통적으로 말합니다. "일관된 감정 흐름이 신뢰 형성의 기반이다." 다음의 감

정선 체크리스트는 다음 세 가지 이론적 기준을 참고해 정리했습니다:

감정선 설계의 3가지 이론 기반

브랜드 톤앤매너 (Tone & Manner)
→ 시각·언어·상호작용에 일관된 정서가 흐르는가?

CBBE (Customer-Based Brand Equity)
→ 브랜드 인식은 단순 정보가 아니라 감정의 이미지로 형성된다.

감정UX 원칙 (Emotional Design)
→ 사용자는 처음부터 끝까지의 감정 흐름을 통해 브랜드의 신뢰 여부를 결정한다. 이 기준을 바탕으로, 브랜드의 정서 흐름을 점검하는 감정선 체크 리스트를 아래와 같이 구성했습니다.

감정선 일관성 체크리스트

항목	점검 포인트
온라인 콘텐츠	SNS, 이메일, 영상 콘텐츠의 정서가 통일되는가?
말투·표정	눈빛, 말의 리듬이 브랜드가 지향하는 감정선과 조화되는가?
브랜딩 언어	명함, 제안서, 콘텐츠 문장 등에서 감정의 결이 일관되는가?
경험의 시작과 끝	첫인상과 마지막 여운이 같은 감정의 결로 이어지는가?

"지금 바로 적지 않아도 괜찮습니다. 하지만 마음속으로라도 네 가지 단어를 떠올려 보세요. 그 순간 이미 감정선 점검이 시작된 것입니다. 단 3초면 됩니다. 그 단어들이 같은 온도로 흐르는지 확인해 보십시오." 네 가지 중 하나라도 결이 다르다면, 감정선은 이미 어긋나 있을 수 있습니다.

현재 셀프 진단 장치가 잘 들어갔지만 "O, △, X로만 표시해도 충분합니다."라는 말 뒤에 한 줄을 더하면 참여율이 올라갑니다. 중요한 건 완벽한 답이 아니라, 지금 당장 작은 흔적을 남기는 것입니다. 그 순간, 감정선 설계는 이미 시작됩니다.

글로벌 브랜드 사례: Apple – "예측 가능한 친절의 감정선"

애플스토어는 전 세계 어디를 가도 같은 공기로 맞이합니다. 매장에 들어서면 직원은 같은 미소와 톤으로 '무엇을 찾고 계신가요?'라고 묻고, 제품을 체험하는 순간까지 서두르지 않고 기다려 줍니다. 고객은 '어디서든 같은 경험을 한다'는 안정감을 얻습니다. 애플스토어는 단순한 매장이 아니라, '예측 가능한 친절'이라는 감정의 패턴으로 신뢰를 설계합니다. 이처럼 감정선의 일관성은 국적과 문화를 넘어서는 보편 원리입니다. 한국에서든 뉴욕에서든, 신뢰는 결국 같은 '정서의 패턴'을 통해 구축됩니다.

이제 실제 사례를 통해, 감정선이 일관될 때와 어긋날 때의 차이를 살펴보겠습니다.

감정선이 무너질 때

한 코치는 녹화한 영상 속에서는 따뜻하고 여유로운 인상을 주었지만, 실제 상담 현장에서는 다소 급하고 냉정한 느낌을 전달했습니다. 클라이언트는 이렇게 말했습니다. "영상에서 본 이미지와 너무 달라요." 사람들은 무의식적으로 '감정 패턴'을 기억합니다. 같은 말이라도 그때의 공기가 변하면 신뢰가 무너집니다.

반대로 패턴이 유지되면, 그 브랜드는 '예측 가능한 안전함'으로 인식됩니다. "그러나 감정선이 일관되게 유지될 때, 같은 메시지도 전혀 다른 울림을 만들어냅니다."

감정선이 정렬될 때

한 팀장은 매주 회의 말미에 성과 보고 대신 "이번 주에 서로 고마웠던 순간 하나씩 말해봅시다"로 마무리했습니다. 그 말을 꺼낼 때 그는 잠시 시선을 천천히 돌렸습니다. 팀원 한 명이 말을 시작하기 전, 웃음을 참듯 입꼬리가 살짝 올라가고, 목소리에 미세한 떨림이 묻어났습니다. 그 짧은 시간 덕분에 팀원들 사이에 '따뜻한 공기'가 쌓였고, 이 회의문화는 팀의 시그니처가 되었습니다.

- 재계약률 1.6배 증가, 고객 유지 기간은 평균 4개월에서 7개월로 연장
- 후기내용 '신뢰, 공기, 차분함'이라는 감정 키워드 반복

✕ 감정으로 되돌아본 정의

감정은 일관된 선으로 흐를 때, 신뢰와 정체성을 연결한다.
감정의 흐름이 일관성을 만들고, 그 일관성이 브랜드 신뢰의 설계도가 된다.

05

감정은
행동을 이끈다

: 기억된 감정이 재방문과 추천으로 이어진다

사람은 기능은 잊을 수 있습니다. 그러나 기분은 남습니다. 그 기분이 행동을 바꿉니다. 좋은 감정으로 기억되는 브랜드는, 마치 오랜만에 만난 친구가 건넨 짧은 미소 한 번이, 다음 만남을 기다리게 하는 것과 같습니다.

감정→ 의미→ 행동의 구조

사람은 정보를 오래 기억하지 않습니다. 하지만 그 순간의 감정은, 의미를 품는 순간 기억의 중심이 됩니다.

단계	설명	예시
감정 연결	정서적 순간	"얘기 많이 들었어요."
의미 형성	기억에 해석 저장	"아직도 생생해요."
행동 유도	재방문·후기·공유	"이 브랜드만 써요."

이 구조는 "스탠퍼드대 B.J. Fogg의 행동 모델(Fogg Behavior Model)은 감정이 동기와 행동 사이를 매개한다고 설명합니다. 즉, 감정은 단순 반응이 아니라 반복 행동을 유도하는 핵심 변수입니다."

복잡한 설명 없이, 이렇게 떠올려 보세요

기분 좋았던 카페의 메뉴는 기억나지 않아도, 그때의 햇살·음악·공기가 떠올라 다시 가고 싶어지는 경험. 감정이 의미로 자리 잡으면, 브랜드는 '다시 보고 싶은 사람'이 됩니다.

♦ 실제 코칭 사례 - 손글씨로 감정을 남긴 상담사

한 상담사는 매 세션 후, 작은 메모지에 손으로 한 줄을 써서 건넸습니다.

"당신이 멈추지 않도록, 저는 항상 이곳에서 응원하고 있습니다." 그 짧은 문장은 말보다 먼저 마음에 닿았고, 그의 눈빛은 침묵 속에서도 따뜻한 응답이 되었습니다. 하루는 내담자가 수줍은 목소리로 말했죠: "사실… 그 문장 때문에 다시 오게 됐어요." 또 다른 내담자는 후기에서 이렇게 썼습니다: "상담 내용도 좋았지만, 그 손글씨 한 줄이 계속 생각났어요. 뭔가 응원받는 기분이 들었거든요." 그 문장은 설명을 뛰어넘는 정서적 연결이 되었고, 시간이 흐르며 브랜드 언어가 되었습니다. 사람들은 그 문장을 단순한 메모로 기억한 것이 아니라, '나를 지켜보는 따뜻한 시선'으로 해석했습니다. 이 해석이 감정에 의미를 부여했고, 그 의미가 재방문이라는 행동을 이끌어냈습니다.

변화된 결과
- 재상담 신청률 42% 증가
- 신규 내담자 추천 비율: 27% → 49%
- 후기에서 '손글씨' 직접 언급 비율 60% 이상
- '느낌이 남는다', '응원받는 기분' 등의 감정어 사용 빈도 급증

◆ 글로벌 브랜드 사례 - 디즈니(Disney)의 감정 기억 설계

디즈니랜드는 롤러코스터의 스릴보다, 직원이 아이의 이름을 불러주거나 작은 배지를 건넨 순간을 기억하게 만듭니다. 사람들은 '어린 시절의 감정'을 다시 느끼고 싶어 재방문 합니

다. 디즈니는 '기계적 스릴'을 파는 것이 아니라, 감정의 재방문을 설계하는 브랜드입니다.

감정은 행동의 촉매입니다

감정은 브랜드 기억의 출발점이자, 행동을 유도하는 정서적 트리거입니다.

감정심리학자 Paul Ekman은 말합니다: "감정은 인간 행동의 즉각적인 반응 시스템이다." 브랜드는 정보를 통해 사람을 변화시키지 않습니다. 사람을 움직이게 하는 것은, 말이 끝난 순간이 아니라 그 뒤에 남는 공기입니다.

- 말이 끝난 뒤에도 감정의 여운이 남는가
- 그 여운이 의미로 해석되었는가
- 그것이 행동으로 이어졌는가

이 세 단계를 매끄럽게 연결하는 힘, 그것이 바로 감정의 구조입니다.

✘ 감정으로 되돌아본 정의

감정은 기억 속에 머물다 행동을 이끌고, 브랜드 관계를 지속시킨다.

✘ 감정 언어 기반 브랜드 철학 인사이트

감정은 표현될 때 정체성이 된다.
브랜드는 정보가 아닌, 감정이 담긴 문장으로 기억된다.
설명이 끝난 뒤에도 감정이 남아 있다면, 그게 바로 브랜드다.

✘ 마음에 여운을 남기는 셀프 코칭 질문

- 나는 내 감정을 어떻게 표현하고 있는가?, 아니면 아직 머릿속에만 담아두고 있는가?
- 지금의 나는, 한 문장으로 설명할 수 있는 감정의 브랜드를 가지고 있는가?
- 누군가가 나를 기억할 때, 설명이 아닌 어떤 감정의 여운을 떠올리게 될까?

내일 아침 첫 만남에서, 말보다 표정에 감정을 담아보세요. 그리고 오늘 하루, 떠오른 감정을 대화·이메일·첫인사 속에 한 번 가볍게 얹어 보세요. 작은 행동이 이미 브랜드 설계의 시작입니다.

[CHAPTER 4 워크시트]

나를 설명하는
감정 기반 문장 만들기

: 정체성과 철학이 깃든
브랜드의 출발점

브랜드는 '필요' 보다 감정에서 시작됩니다.

당신이 이 일을 선택한 이유, 그리고 그것을 계속 이어가는 이유는 무엇인가요?

PART 1. 브랜드는 '필요'가 아닌 '감정'에서 시작된다

지금 내가 하고 있는 일의 출발점에는 어떤 감정이 있었는지를 되돌아봅니다. '기회'보다 먼저 다가왔던 감정의 순간을 떠올려보세요. 다음 질문에 진심으로 답해보세요.

질문	나의 응답
이 일을 처음 시작하게 된 계기는 무엇이었나요?	
그때 느꼈던 감정은 무엇이었나요?	
그 감정은 지금의 나에게도 영향을 주고 있나요?	☐ 예 ☐ 아니오 ☐ 모르겠다

정리 문장 실습

"저는 이 일을 시작한 이유가 단지 필요나 기회가 아니라, 그때 마음속에 일렁였던 ＿＿＿＿＿＿＿＿＿＿의 감정이었음을 기억합니다."

PART 2. 나만의 브랜드 철학 정리

브랜드 철학은 당신이 세상을 해석하는 방식입니다. '왜 이 일을 하는가'에 담긴 내면의 믿음을 감정의 언어로 풀어보세요.

질문	예시 응답	나의 응답
나는 어떤 가치를 믿고 있나요?	"자존감은 실력보다 중요하다"	

나는 고객을 어떤 존재로 해석하나요?	"회복할 수 있는 가능성 그 자체"	
내가 바꾸고 싶은 세상의 모습은?	"성과보다 관계가 우선되는 세상"	

한 문장으로 철학 정리하기

"저는＿＿＿＿＿＿＿＿＿＿＿＿ 같은 세상을 만들고 싶습니다."

PART 3. 감정 기반 브랜드 문장 완성하기

브랜드는 기능이 아닌 감정에서 출발해, 기억되는 하나의 문장으로 정의됩니다. 이제, 당신의 감정·철학·정체성을 담아 브랜드의 언어를 정리해 봅시다.

아래 문장 템플릿 중 어울리는 틀을 활용해도 좋습니다.

문장 템플릿 예시

"저는 (감정 키워드)의 결을 남기는 사람입니다."
"저는 (감정)에서 출발한, (정체성)의 언어를 가진 사람입니다."
"저는 (감정 기반 태도)로, 사람들의 (감정/가치 변화)를 돕는 사람입니다."

"저는 말보다(감정/리듬/공기)으로 기억되는 사람입니다."

감정 기반 브랜드 문장 예시(심화)

분야	감정 기반 브랜드 문장 예시
커피업 운영자	"저는 커피보다 잔잔한 공기로 기억되는 사람입니다."
심리 코치	"저는 불안의 한가운데서 여운이 되는 언어를 건네는 사람입니다."
콘텐츠 강사	"저는 말보다 리듬으로 남는 콘텐츠의 결을 만드는 사람입니다."
의료 전문가	"저는 병의 이름보다, 회복의 감정을 먼저 설계하는 사람입니다."
퍼실리테이터	"저는 말없이 흐르는 감정을 먼저 듣는 사람입니다."
브랜딩 컨설턴트	"저는 감정을 중심으로 브랜드의 철학을 정리하는 사람입니다."

나의 브랜드 감정 문장

"저는_____사람입니다."

"나의 브랜드는 _____ 로 기억됩니다."

감정은 브랜드의 '방향' 입니다.

　감정이 머무른 브랜드만이, 기억과 신뢰로 살아남습니다. 지금 이 문장에 당신만의 감정 방향이 담기길 바랍니다. 세상은 언젠가 당신의 이름이 아니라, 한 문장으로 당신을 기억할지도 모릅니다. 지금, 당신 안에 머물렀던 그 감정을 꺼내어 단 한 줄의 문장으로 써보세요. 그 문장이 바로, 당신의 이름이 되어 줄 것입니다. 다음 장에서는 그 문장이 어떻게 당신의 철학이 되고, 브랜드의 모든 언어를 이끄는 중심축이 되는지를 함께 설계합니다.

CHAPTER 05.

감정은 당신만의
문장이 된다

: 감정에서 시작해,
한 문장으로 남다

"성과는 숫자로 남지만,
브랜드는 감정으로만 남습니다"

- 제니퍼 애커(Jennifer Aaker)

00

감정은 당신 브랜드의 뿌리입니다

: 설명보다 기억에 남는 '한 문장'을 만든다

한 교육 워크숍에서 자기 브랜드를 소개하는 시간이 있었습니다. 한 팀장이 조심스럽게 말했습니다. "사실 저도… 정확히는 모르겠어요. 그냥… 하다 보니까 여기까지 온 것 같아요." 성과도, 리더십도 뛰어났지만 자기 이야기에선 말이 짧아졌습니다. 그는 잠시 침묵 뒤에 덧붙였습니다. "가끔은 내가 이 일을 왜 시작했는지… 잊은 것 같아요." 그 한 문장 속에, 잊고 있던 감정의 결이 조용히 묻어나 있었습니다. 나는 그날 이후 자주 떠올렸습니다. '경력은 많은데 자기 문장은 없는 사람들.' 퍼스널 브랜딩 코칭을 하다 보면 비슷한 고백을 종종 듣습니다.

- "성과는 쌓였지만, 감정의 중심은 놓치고 있었어요."
- "일은 잘 아는데, 왜 하는지는 모르겠어요."
- "나는 어떤 사람인지 정리된 문장이 없어요."

스티브 잡스는 늘 '왜(why)'에서 출발해, 애플을 하나의 문장으로 설명했습니다. "우리는 다르게 생각한다(Think Different)." 단지 기능이 아니라, 감정의 철학이었습니다. 김연아 선수 역시 '완벽한 기술'보다 '품위와 여운'을 남기며 사람들의 기억 속에 자리했습니다. 이처럼 세계적 리더와 한국의 대표적 인물 모두, 성과가 아닌 감정의 문장으로 기억됩니다. 결국, 사람들은 성과보다 말투, 이력보다 태도, 직함보다 존재감을 기억합니다.

"그 브랜드, 참 따뜻했어.", "그 사람, 설명은 기억 안 나는데… 좋았어."

사람은 정보보다 감정에 반응합니다. 그리고 그 감정은 종종 한 문장으로 요약됩니다. "그 문장은 마음을 붙잡는, 브랜드의 첫 기억이 되곤 합니다." 그래서 사람들은 결국 이렇게 느낍니다. '이 사람은 어떤 이유로 이 일을 하고 있구나.' 설명은 잊히지만, 감정은 문장이 되어 남습니다. 그것이 퍼스널 브랜딩의 본질입니다.

"저는 _____ 사람입니다."

당장 적지 않아도 괜찮습니다. 마음속에서 떠오른 단어 하나가 이미 당신의 첫 문장이 됩니다. 그리고 그 한 문장은 자기소개를 넘어, 당신의 한 문장은, 결국 누군가의 마음과 선택을 바꾸는 힘이 됩니다."

01

내가 이 일을 시작한
진짜 이유

: 당신의 감정이, 브랜드의 시작이다

"당신을 떠올릴 때, 사람들은 직함을 먼저 말할까요, 아니면 그때의 느낌을 기억할까요?" 우리는 직함으로 설명되지만, 결국 감정으로 기억됩니다. 소개팅에서, 회의 자리에서, 혹은 명함을 건네는 순간에도 우리는 늘 '무슨 일을 하세요?'라는 질문을 받습니다. 하지만 '왜 하세요?'라는 질문은 거의 듣지 못합니다. 대개 "무슨 일을 하세요?"라는 질문에 직함이나 업종으로만 대답합니다. 하지만 "왜 그 일을 하시나요?"라는 물음 앞에서는 쉽게 멈춰버리곤 합니다. 그 '왜'는 단순한 직무 설명이 아니라, 당신이라는 사람의 브랜드 정체성을 여는 첫 열쇠이기 때문입니다. 그래서 브랜딩 코칭 현장에서도 언제나 출발점은 '감정의 기억'입니다. 내가 이 일을 처음 시작할 때 어떤 감정을 느꼈는지를 꺼내는 순간, 브랜드의 뿌리가 드러나기 시작합니다.

감정의 기억은 정체성의 단서가 된다

브랜딩 코칭 현장에서 있었던 이야기입니다. 한 디자이너가 조용히 말했습니다. "왜 이 일을 하냐는 질문을 받으면, 그냥…'디자인해요' 정도로 말하게 돼요. 특별히 설명할 문장이 없어요." 그래서 제가 물었습니다. "혹시 이 일을 처음 시작했을 때, 어떤 마음이었는지 기억나세요?" 그는 한참을 생각한 뒤, 조용히 웃으며 말했습니다. "고등학교 때였어요. 친구 발표 자료를 대신 만들어줬는데, 발표하던 그 친구가 유난히 당당해 보이더라고요. '내 디자인이 누군가를 빛나게 할 수 있구나' 그 순간의 전율이… 아직도 제 안에 남아 있어요." 그 기억을 꺼내는 순간, 그는 자신이 왜 이 일을 시작했는지, 왜 지금까지 계속하고 있는지를 알게 되었습니다.

그의 목소리는 설명이 아니라, 감정이 담긴 언어로 바뀌어 있었습니다. 그리고 그는 이렇게 정리했습니다: '저는, 누군가의 가능성을 더 빛나게 만드는 디자인을 하고 싶습니다.'

브랜드는 언제나 '왜'에서 시작합니다. 그래서 스티브 잡스도 애플을 '우리는 다르게 생각한다(Think Different)'라는 단 한 문장으로 정의했습니다. 국내에서도 같은 흐름을 찾을 수 있습니다. 백종원은 단순히 '요리사'로 자신을 소개하지 않았습니다. 대신 "누구나 쉽게 요리할 수 있도록"이라는 감정의 출발점에서 브랜드를 정의했습니다. 김범수 카카오 창업자 역시 카카오를 '메신저 회사'로 설명하지 않았습니다. 그가 꺼낸 한 문장은 "즐거운 연결"이었습니다.

이처럼 글로벌이든 한국이든, 강력한 브랜드는 언제나 감정에서 출발합니다. 그리고 이는 유명인에게만 해당되는 이야기가 아닙니다. 한 학원 강사는 자신을 '영어를 가르치는 사람'이 아니라, '아이들이 영어에 두려움 대신 친근함을 느끼게 하는 사람'이라고 소개했습니다. 바로 이런 작은 문장이야말로, 일상의 현장에서 살아 움직이는 감정 기반 브랜드의 힘을 보여줍니다.

사람은 정보 중심인 기능 언어만으로는 기억하지 않습니다. 우리는 누군가를 떠올릴 때 직함이 아니라 '그때의 느낌'을 먼저 떠올립니다. 감정 중심인 감정 기반 문장이, 브랜드의 방향을 결정합니다. 즉, '무엇을 하는가'보다 '왜 그 일을 계속하고 있는가'가 브랜드를 특별하게 만듭니다.

정보 중심 소개

"저는 브랜드 전략 컨설팅을 하는 OOO 전문가입니다."

감정 기반 문장

"저는 누구든 자기 이야기에 작은 불빛을 다시 켤 수 있도록 돕는 사람입니다."

이 둘의 차이는 감정의 유무입니다. 전자는 '무엇을 한다'는 설명, 후자는 '왜 그 일을 하는가'라는 감정의 이유를 담고 있습니다. 고객은 설명을 이해하지만, 감정에 반응하고 기억합니다. 이 문장이 중요한 이유는 단 한 줄로 당신의 정체성을 드러내는 시작점이기 때문입니다.

이 문장이 없으면:

- 말은 맞지만 방향이 흐려지고
- 감정이 연결되지 않으며
- 고객은 '기억하고 싶은 이유'를 찾지 못합니다.

이 문장이 있으면:

- 브랜드는 방향성을 갖고 움직이며
- 고객은 '왜 당신인가'를 이해하고

- 브랜드는 의미로 연결된 정체성을 가집니다.
- 그리고 그 문장은 단순한 소개가 아니라, 당신만의 신호탄이 됩니다.

그 질문에 답하는 순간, 당신의 브랜드 문장이 드러납니다. 오늘 처음 만나는 누군가에게 그 문장을 건네보세요. 그 순간, 브랜드는 이미 시작됩니다.

이제, 감정이 문장으로 피어나는 순간입니다. 내면에 머물던 첫 단어 하나를 꺼내보세요. 완벽할 필요는 없습니다. 단지 몇 가지 질문에 솔직하게 답하다 보면, 당신만의 감정 기반 브랜드 문장이 서서히 드러날 것입니다. 그래서 아래 세 가지 질문을 준비했습니다.

감정 기반 브랜드 문장을 위한 3단계 질문

이 3단계는 심리학 및 브랜딩 연구에서 공통적으로 제시하는 '감정 → 의미 → 행동'의 구조를 토대로 만들어졌습니다. 즉, 감정을 꺼내는 것에서 시작해 → 그 감정이 가지는 의미를 정리하고 → 그 의미를 행동(브랜드 문장)으로 연결하는 과정입니다. 특히 자기 결정 이론(Self-Determination Theory), 의미 기반 동기 이론(Meaning-Making Motivation Theory)에서는 '자신의 감정적 동기를 인식하고 언어화하는 과정'이 정체성과 지속 동기를 강화한다고 설명합니다.

이 이론들을 복잡하게 이해할 필요는 없습니다. 지금부터는 아주 간단한 세 가지 질문을 통해, 당신만의 감정 기반 브랜드 문장을 직접 찾아볼 수 있습니다. 학문적 용어는 잠시 잊어도 좋습니다. 중요한 건 이 과정을 실제로 당신의 언어로 풀어내는 것입니다. 그래서 아래 3단계 질문을 준비했습니다. 결국, 세 가지 질문이 답입니다. 거기서 당신의 브랜드 문장이 드러납니다.

Step 1. [Why? (왜) → 출발점 감정]

"왜 이 일을 시작했나요? 그때 어떤 감정을 느꼈나요?"

목적: 당신이 지금 하는 일이 어디에서 비롯되었는지를 감정적으로 찾는 단계입니다.

결과: 단순한 직업적 설명이 아니라, 처음 그 일을 선택하게 만든 감정의 뿌리를 발견할 수 있습니다.

예: "처음에는 누군가의 웃음을 보는 게 좋았어요."

Step 2. [Who/What? (누구/무엇) → 방향성]

"누구에게, 어떤 감정을 전하고 싶어 계속하고 있나요?"

목적: 내가 일하는 이유가 누구를 위한 것인지, 그리고 그들

에게 어떤 감정을 전하고 싶은지 분명히 하는 단계입니다.

결과: 막연한 활동이 아니라 '나의 대상 + 전달하고 싶은 감정'이 정리됩니다. 예: "불안한 초보 창업자들에게 자신감을 주고 싶어요."

Step 3. [How? (어떻게) → 정체성 언어화]

"당신이 일하는 방식을 한 문장으로 표현한다면?"

목적: 앞서 찾은 감정과 방향을 나만의 방식으로 담아내는 단계입니다.

결과: 감정 기반 브랜드 문장(=당신만의 한 줄 소개, 브랜드의 시그니처)이 구체적으로 도출됩니다. 예: "저는 사람들의 가능성을 불빛처럼 밝혀주는 사람입니다."

단계	핵심 질문	목적
STEP 1 Why?	"왜 이 일을 시작했나요?" 그때 어떤 감정을 느꼈나요?	브랜드의 출발점 감정 확보
Step 2 Who/What?	"누구에게, 어떤 감정을 전하고 싶어 계속하고 있나요?"	브랜드의 방향성 확보
Step 3 How?	"당신이 일하는 방식을 한 문장으로 표현한다면?" → 어떤 변화나 위로를 주고 있나요?	브랜드 정체성 언어화

정리하면: 이 3단계는 단순한 질문지가 아니라 당신 브랜드의 설계도입니다. 이 질문에 답하는 순간, 당신의 브랜드는 설명이 아니라 '기억되는 이유'로 살아남습니다.

이렇게 3단계를 거치면, 자연스럽게 브랜드 문장 템플릿을 완성할 수 있습니다. 앞서 정리한 감정의 뿌리(1단계), 대상과 목적(2단계), 나만의 방식(3단계)이 모여, 그 문장은 누군가에게는 단순한 소개가 아니라, 당신을 오래 기억하게 하는 첫 감정이 됩니다.

앞에서 찾은 감정과 방향을 이제 한 문장으로 엮어볼 차례입니다. 완벽할 필요는 없습니다. 지금 이 순간 떠오르는 단어와 감정을 담아내는 것만으로도 충분합니다. 그 시작을 돕기 위해 가장 간단한 템플릿을 준비했습니다

감정 기반 브랜드 문장 템플릿

"저는 [누구]가 [감정 or 상황]을 겪을 때, [나의 방식]으로 함께하고 싶은 사람이에요.", "그래서 지금 저는, [그들에게 남기고 싶은 감정]을 전하는 사람입니다."

지금 이 순간, 마음에 스치는 단어 하나만 휴대폰 메모장에

적어보세요.

예시 문장들

"저는 불안한 초보 창업자들이 자신감을 얻도록 단계별 실행안을 설계해 주는 사람입니다.", "저는 일에 지친 직장인들이 다시 자기 목소리를 회복하도록 돕는 사람입니다.", "저는 늘 불안했던 청소년 시절, 누군가 '괜찮다'고 말해주길 바랐습니다. 지금은 그 말을 글로 전하는 사람이에요."

✖ 감정으로 되돌아본 정의

감정은 존재의 뿌리이며, 브랜드의 진짜 출발점이다.
성과도 포지션도 아닌, 나의 시작을 만든 감정이 브랜드의 진정성을 결정한다.

감정은 브랜드 철학의 언어가 된다

: 철학이 아닌, 감정을 담은 신념으로 기억된다

우리는 브랜드를 기능으로 설명하지만, 정작 기억은 감정으로 남습니다. 어떤 카페를 떠올릴 때 '커피 맛'보다 먼저 '그 때의 따뜻한 공기'가 기억나는 것처럼 말이죠. 감정은 단순한 기분이 아닙니다. 미국 하버드대학교의 심리학자 제니퍼러너(JenniferLerner)와 조지로윈스타인(George Loewenstein)의 연구에 따르면, 감정은 판단과 의사결정에 직접적인 영향을 미치며, 특히 감정이 동반된 기억은 일반 정보보다 훨씬 더 깊게 저장되고, 장기적으로 회상될 가능성이 높습니다.

또한, '감정기반 기억 우선 효과(Affective Memory Bias)'는 마케팅 심리학 분야에서, 브랜드와 감정의 연결성이 고객 충성도와 선택 행동에 미치는 영향을 설명하는 핵심 이론으로 자리 잡았습니다. 이처럼 감정 기반 브랜딩은 기능 중심의 브랜드 전략을 넘어, '기억되는 브랜드는 감정에서 출발한다'는 근본 원리를 토대로 설계됩니다.

이것은 단순한 마케팅 수사가 아닌, 관계의 원리이자 기억의 심리 구조에 가까운 방식입니다. 설명이 아닙니다. 감정이 브랜드를 머물게 하고, 오래 기억되게 합니다. 사람은 '철학'보다 먼저, 그 철학이 전해지는 감정의 공기를 기억합니다. "그 브랜드, 뭔가 느낌이 좋았어." 우리는 설명보다 정서적 여운을 먼저 떠올립니다. 그리고 그 감정의 결 속에, 브랜드의 철학이 조용히 스며듭니다.

◆ 사례로 본 감정기반 브랜드 철학 - 삼성전자의 '위로하는 기술' 메시지

2024년 1월, 미국 라스베이거스에서 열린 세계 최대 IT 전시회 CES 2024. 삼성전자는 메인 키노트 무대에서 이렇게 말했습니다. "기술이 당신의 마음을 먼저 알아봐 주는 세상을 만들고 싶습니다." — 'AI for All' 캠페인 중 발표 발췌

이 한 문장은 기술 중심 기업이 '더 똑똑한 기기'에서 '더 따

뜻한 연결'로 철학의 방향을 전환했음을 보여줍니다. 삼성전자는 이제 기술 그 자체보다, 기술을 통해 감정을 이해하고 돌보는 세계를 말하기 시작했습니다.

실제 제품에서 감정 철학이 구현 된 방식

비스포크 AI 가전
"내 삶을 이해하는 기계, 기계가 아닌 나를 아는 집."

삼성헬스앱
"몸 보다 먼저, 당신의 마음을 돌봅니다."

갤럭시 AI 기능
사용자의 감정과 말투를 분석해, 자연스럽고 배려 있는 '공감형 AI 톤' 제공

이 모든 기능은 단순한 기술 혁신이 아니라, 감정을 기반으로 한 철학의 실현입니다. "기술이 당신의 마음을 알아봐 주길 바랐습니다." 삼성은 기술이라는 차가운 언어에 '위로', '공감', '돌봄'이라는 감정의 결을 입혔습니다. 그리고 그 감정은 브랜드 철학이 되어, 기억을 머무르게 하고 행동을 이끄는 힘이 되었습니다.

실제 브랜드들이 말하는 '철학의 언어'

브랜드	제품	감정을 품은 브랜드 철학
나이키	스포츠 의류	"Just Do It" — 즉시 행동하게 만드는 자기 확신
파타고니아	아웃도어 기어	"우리는 지구를 위해 존재한다" — 환경에 대한 실천적 감정
무인양품	생활용품	"불편함을 남긴다" — 절제된 감성으로 삶의 본질을 돌아보게 하는 메시지
애플	디지털 기기	"다르게 생각하라" — 창의성과 독립성에 감정을 부여하는 철학
배민	배달 플랫폼	"음식을 배달하는 게 아니라, 사람을 연결합니다" — 일상 속 따뜻한 감정 연결

이처럼 글로벌 대기업뿐 아니라, 우리의 일상 가까운 브랜드들도 감정에서 출발한 철학으로 소비자의 기억에 남습니다. 예를 들어 스타벅스코리아는 단순히 커피를 파는 곳이 아니라, '집과 직장 사이의 제3의 공간'이라는 감정을 심어주며 생활 문화로 자리 잡았습니다. 에어비앤비(Airbnb) 역시 단순한

숙박 연결 서비스가 아니라, 'Belong anywhere(어디서든 어울리다)'라는 철학으로 낯선 여행지에서조차 소속감을 경험하게 합니다.

이처럼 브랜드가 감정을 철학으로 언어화할 때, 그 경험은 고객의 일상 속에 깊이 스며듭니다. 감정은 철학을 행동 가능하게 만드는 에너지이자, 기억에 남게 하는 힘입니다.

감정 중심 브랜드 vs 정보 중심 브랜드: 무엇이 기억에 남는가?

구분	감정 중심 브랜드	정보 중심 브랜드
메시지	감정, 철학, 공감 중심	기능, 가격, 성능 중심
기억 방식	감정적 연결 → 오래 기억	논리적 설명 → 금방 잊힘
예시	"당신의 마음을 위한 기술입니다"	"이 기능이 최신입니다"
고객 반응	감정으로 반응, 충성도 유발	비교 후 선택

사람들은 논리보다 감정에 반응합니다. 특히 브랜드 메시지가 감정으로 전달될 때, 설명이 아닌 의미로 기억되는 힘이 생깁니다.

감정 기반 브랜드 철학 툴킷

정보가 아닌 감정 언어로 철학을 정리하는 4단계

단계	질문	쉽게 푼 설명	삼성전자 적용 예시
1. 핵심 신념 정리	우리는 어떤 세상을 만들고 싶은가?	어떤 상황에서도 흔들리지 않는 중심 가치	"기술은 사람을 돌볼 수 있어야 한다"
2. 감정 연결	이 철학이 전하고자 하는 감정은?	브랜드가 남기고 싶은 정서	위로, 돌봄, 신뢰
3. 메시지 언어화	이 철학을 감정 언어로 표현한다면?	말투와 문장에 감정 담기	"기계가 아닌, 당신을 이해하는 기술"
4. 브랜드 언어 점검	콘텐츠에 철학이 스며들어 있는가?	말투, 이미지, 제품 전반의 감정 일관성	광고·UI·보이스 톤 모두 감정 중심 설계

예를 들어 '사람들이 나를 떠올릴 때 어떤 감정을 기억하길 바라는가?'라는 질문으로 시작해 보세요. '편안함', '용기', '따뜻함'—이 단어만 적어도 충분합니다.

◆ 감정 기반 브랜딩 사례 - 한 작가의 정체성 선언

한 작가는 이렇게 말했습니다. "처음엔 그냥 글이 좋아서 시작했어요. 어릴 때 말이 서툴러 자주 오해받았고, 글을 쓸 때만큼은 제 마음을 정직하게 전할 수 있었죠. 그래서 지금도 글을 쓰는 이유는, 감정을 놓친 누군가에게 조용히 말을 걸기 위해서예요." 이 문장은 단지 '작가'라는 직업을 설명한 것이 아닙니다. 그는 자신을 "말 대신 마음을 건네는 사람"이라고 정의한 것이죠. 감정에서 출발한 철학은 사람의 기억에 남는 문장으로 바뀝니다.

✘ 감정으로 되돌아본 정의

감정은 철학을 품을 때, 브랜드는 외침이 아니라 내면의 울림이 된다. 단순한 메시지가 아닌, 감정에서 시작된 철학이 브랜드를 지속 가능한 신념으로 만든다.

03

감정은 브랜드 정체성을 드러낸다

: 브랜드는 감정에서 시작된 정체성의 언어다

정체성을 바꾼 한 줄

브랜드는 결국, '무슨 일을 하는가'가 아니라 '왜 하는가'를 담은 감정의 언어에서 시작됩니다. 한 커리어 코치는 처음 이렇게 자신을 소개하곤 했습니다. "진로 코칭을 하고 있어요." 하지만 고객들은 그가 무슨 일을 하는지를 잘 기억하지 못했습니다. 그저 '상담가'나 '컨설턴트'라는 모호한 정보 속에 묻혀버렸죠. 브랜딩 코칭 과정에서, 저는 그에게 단순히 '무슨 일을 하는가'를 말하는 대신 '왜 이 일을 하는가'를 꺼내보자고 제안했습니다. 여러 대화와 감정의 기억을 더듬으며, 그는 스스로의 뿌리를 발견했습니다. "저는 일의 방향을 잃은 사람들에게 감정과 정체성을 기반으로 커리어를 다시 설계해 주는 사람입니다." 이 한 줄이 그의 브랜드를 바꿨습니다. 그 순간, '진로 코칭'이라는 일반적 범주를 넘어, '감정 기반의 커리어 회복을 돕는 사람'으로 자리 잡게 된 것이죠.

그 이후 강의 제목, 제안서 첫 문장, SNS 글, 심지어 고객 후기까지— 그의 모든 콘텐츠에는 일관된 결이 생겼습니다. "진로는 설명이 아니라, 감정의 회복에서 시작됩니다." 결과는 눈에 띄게 달라졌습니다. 강의를 들은 청중은 "내 일의 방향을 찾으면서 동시에 마음의 무게가 가벼워졌다"고 말했습니다. 의뢰 기업은 단순한 커리어 코칭이 아니라 '조직 구성원의 정체성과 몰입도를 회복시키는 프로그램'으로 그를 다시 불러주었습니다. 개인 고객들은 그를 '상담자'가 아니라, '마음과 커리어를 함께 돌보는 브랜드'로 기억하게 되었습니다.

비슷한 경험은 창작자에게도 있습니다. 한 카피라이터는 "저는 글을 쓰는 사람이 아니라, 글로 사람의 마음을 움직이는 사람입니다"라는 한 줄을 찾고 나서, 강의와 프로젝트 전반에 일관된 정체성을 구축하게 되었습니다.

감정에서 출발한 '정체성의 문장'

사람들은 '무슨 일을 하느냐'보다 그 일이 담고 있는 감정과 의미의 결을 먼저 느낍니다. 대부분의 자기소개는 직업이나 직함으로 시작됩니다. 하지만 오래 기억되는 건 '왜' 그 일을 하게 되었는지, 그 사람만의 감정이 담긴 이유의 맥락입니다. 그 이야기의 본질은, 결국 감정에서 출발한 철학이 한 줄 문장으로 정리되는 데 있습니다. 이 문장이 있을 때, 우리는 정보를 넘어서 정체성을 말하게 됩니다. 그 한 줄은 브랜드의 방향을 정하고, 기억되는 언어로 정리되며, 공감을 통해 신뢰로 연결됩니다.

감정 기반 자기 정의는 왜 강력한가?

감정 기반 자기표현은 단순한 자기소개를 넘어, '기억에 남는 정체성'을 설계하는 방식입니다. 인지심리학자 마르틴 콘웨이(Martin A. Conway)의 자서전 기억 이론(Autobiographical Memory Theory)에 따르면, 사람은 자신의 경험을 감정과 연결된 이야기 구조로 기억하고, 타인 또한 그런 감정적 서사에 더 오래 반응한다고 합니다. 이러한 구조는 퍼스널 브랜딩에서도 그대로 적용됩니다. "한 줄 자기소개"가 단순 정보가 아니라 감정이 깃든 신념을 드러낼 때, 브랜드는 사람의 기억 속에 오래 머물게 됩니다.

이처럼 감정은 개인의 정체성을 오래 기억되게 하는 핵심 요소입니다. 중요한 건, 이 힘을 단순히 이해하는 데서 그치지 않고 나만의 문장으로 구조화하는 것입니다. 감정이 신념으로, 신념이 언어로 바뀔 때 비로소 브랜드는 '설명'이 아니라 '기억되는 정체성'으로 자리 잡습니다. 그렇다면 어떻게 해야 나의 감정 기반 정체성을 한 줄 문장으로 만들 수 있을까요? 여기서 도움이 되는 것이 바로 브랜드 정체성 문장을 만드는 3단계 프레임입니다.

브랜드 정체성 문장을 만드는 3단계 프레임

이 프레임은 심리학 연구(Self-concept Clarity, Narrative Identity Theory)를 토대로, '감정 → 철학 → 문장'의 흐름을 구조화한 방법입니다. 쉽게 말하면, 내가 전하는 감정을 붙잡고 → 고객을 바라보는 철학을 세우고 → 그것을 한 줄 문장으로 언어화하는 과정입니다.

Step 1. [감정 키워드 도출 (Emotional Keywords)]

질문: "나는 어떤 감정을 전하고 싶나요?"

목적: 내 브랜드가 사람들에게 남기고 싶은 정서적 기반을 정의하는 단계입니다.

결과: 막연한 직무 설명 대신, 나를 대표하는 정서적 단어가

생깁니다.

예시: 위로, 돌봄, 희망, 용기, 회복, 믿음

예: "저는 누군가의 불안을 덜어주는 '회복'의 감정을 전하고 싶습니다."

Step 2. 고객 철학 설정 (Client Philosophy)

질문: "나는 고객을 어떤 존재로 바라보나요?"

목적: 고객을 단순 소비자가 아니라, 하나의 존재로 해석하는 관점을 정리합니다.

결과: 내가 누구를 위해, 어떤 맥락에서 일하는지를 명확히 할 수 있습니다.

예시: 자기 안의 길을 찾고 싶은 사람, 다시 용기를 내고 싶은 사람

예: "저는 고객을 '자기 안의 답을 찾고 싶은 사람'으로 봅니다."

Step 3. 정체성 문장 표현 (Identity Statement)

질문: "나는 왜 이 일을 하나요? 그것을 감정 언어로 표현한다면?"

목적: 앞서 찾은 감정 키워드 + 고객 철학을 결합해, 나만의 정체성 문장을 만드는 단계입니다.

결과: 단순 소개가 아니라, 신념과 감정을 담은 자기 정의가 완성됩니다.

예시: "저는 자기 신뢰를 회복하려는 사람들의 마음을 설계해 주는 사람입니다."

"저는 불안한 시작 앞에 선 이들에게 '괜찮다'는 감정을 전하는 사람입니다."

단계	핵심 질문	설명	적용 예시
1. 감정 키워드 도출	나는 어떤 감정을 전하고 있나요?	브랜드의 정서적 기반을 정의	위로, 돌봄, 희망, 용기, 회복, 믿음
2. 고객 철학 설정	나는 고객을 어떤 존재로 바라보나요?	브랜드가 바라보는 고객의 본질	자기 안의 길을 찾고 싶은 사람
3. 정체성 문장 표현	나는 왜 이 일을 하나요?	브랜드의 동기를 감정 기반 언어로 표현	"저는 자기 신뢰를 회복하려는 사람들의 마음을 설계해 주는 사람입니다."

감정 키워드는 브랜드가 전하고자 하는 주된 정서를 의미합니다. (참고: Goleman의 감성지능 모델), 고객 철학은 브랜드가 이해하는 고객의 존재방식을 정의합니다.(참고: 사용자 중심 UX 사고 철학), 문장 표현은 위 두 가지 요소를 결합해 만든

감정 기반 정체성 선언입니다. (참고: McAdams의 내러티브 자기 정체성 이론)

정리하면, 감정 → 철학 → 문장의 세 단계를 거치면, 단순히 직업을 설명하는 언어가 아니라, 사람들에게 오래 기억될 수 있는 브랜드 정체성 문장이 만들어집니다. 프레임을 이해하는 것에서 끝나지 않아야 합니다. 이제 중요한 건, 그것이 실제 문장에서 어떻게 다른 울림을 만들어내는가입니다. 같은 일을 해도 '정보 중심 문장'과 '감정 중심 문장'은 완전히 다른 기억을 남깁니다.

감정 기반 문장 예시 비교

구분	문장 예시
정보 중심 문장	"저는 진로 코칭 전문가입니다."
감정 중심 문장	"저는 자기 길을 잃은 이들이 내면의 소리를 다시 들을 수 있도록 돕는 사람입니다."

후자는 단순한 설명이 아니라, **정서와 철학이 깃든** 자기 정의로 독자의 마음에 각인됩니다

감정으로 되돌아보는 브랜드 정의

"브랜드는 직함이 아니라, 감정과 철학이 담긴 한 줄 문장으로 기억됩니다.

그 문장은 단순한 소개가 아니라, 존재의 본질을 드러내는 응축된 언어입니다. 말은 흩어져 사라질지라도, 감정은 당신의 흔적으로 남아 브랜드를 지속하게 하는 힘이 됩니다.

감정 언어 기반 브랜드 철학 인사이트

- 감정은 '나다움'을 선택하게 하고, 그 선택이 브랜드의 뿌리가 된다.
- 브랜드의 지속 가능성은 스펙이 아닌, 지켜내고 싶은 감정에서 시작된다.
- 감정이 말이 아닌 실천으로 이어질 때, 브랜드는 '진짜'가 된다.

마음에 여운을 남기는 셀프 코칭 질문

나는 어떤 감정에서 이 일을 시작했나요?
→ 브랜드 정체성은 그 감정에서 출발합니다.

지금 고객은 나를 어떤 '한 문장'으로 기억하고 있나요?
→ 그 문장이 곧 브랜드 경험의 핵심입니다.

나의 브랜드 문장은 감정과 철학을 담고 있나요?
→ 한 문장은 정보보다 먼저 신뢰를 형성합니다.

고객은 나의 '정보'보다 '의미'를 기억하고 있나요?
→ 기억되는 브랜드는 감정이 깃든 문장을 갖고 있습니다.

잠시 멈추고, 지금 마음에 떠오른 감정을 3개만 적어보세요. 그 단어들을 한 줄 문장 안에 넣는 순간, 그것이 곧 당신만의 브랜드가 됩니다.

마무리 인사이트

진짜 브랜드는 설명이 아니라, 끝까지 지켜내고 싶은 감정입니다. 그 감정이 신념이 되고, 신념이 문장이 될 때, 비로소 브랜드는 이야기에서 철학으로, 철학에서 기억으로 남게 됩니다.

이제는 당신 차례입니다. 당신이 지켜내고 싶은 감정을 한 문장으로 붙잡으세요. 혹시 아직 어떤 감정을 선택해야 할지 막막하다면 걱정하지 마세요. 다음에 이어질 '감정 키워드 사전'이 당신의 출발점을 안내해 줄 것입니다.

감정 키워드 사전

: 당신의 브랜드 감정 언어를 찾기 위한 안내서

감정은 브랜드의 시작점입니다. 그리고 그 문장은, 당신만의 이야기를 기억되게 만듭니다. 이 키워드 사전은 자신만의 감정 기반 정체성을 정리하고, 브랜드 문장을 만들기 위한 감정 어휘를 돕기 위해 설계되었습니다.

위로와 회복

위로 / 돌봄/ 포용/ 안정감/ 온기/ 수용/ 치유/ 안심/ 너그러움/ 감싸줌

희망과 성장

희망/ 믿음/ 용기/ 가능성/ 성장/ 기대/ 응원/ 나아감/ 도전/ 활력

연결과 소통

공감/ 유대/ 연결감/ 친밀함/ 이해/ 진심/ 경청/ 소속감/ 믿을 수 있음/ 함께함

자존과 내면의 힘

자기 신뢰/ 자존감/ 확신/ 명료함/ 주체성/ 정직함/ 중심 잡힘/ 차분함/ 단단함/ 내면의 울림

자유와 창의성

자유/ 해방감/ 여유/ 창의성/ 새로움/ 다름/ 유연함/ 확장성/ 상상력/ 독립성

활용 팁

"나는 어떤 감정을 전하고 싶은 사람인가요?"
감정 키워드를 3~5개 골라, 문장 속에 자연스럽게 녹여보세요.

예시 : "저는 용기와 회복을 통해 사람들이 자기 안의 가능성을 다시 발견하게 돕는 사람입니다."

또는 "저는 공감, 정직함, 단단함이라는 감정을 바탕으로 사람들이 자기 자신을 신뢰하도록 안내합니다."

[CHAPTER 5 워크시트]

"기억에 남는 브랜드는, 감정의 한 줄로 말해집니다"

브랜드는 정보로 설명되지 않습니다.
사람들은 당신을 '감정의 한 줄'로 기억합니다.
이제, 당신만의 감정에서 출발한 브랜드 문장을 만들어봅니다.

PART 1. 감정에서 출발한 나의 이유

브랜드는 '무엇을 하느냐'보다 '왜 그 일을 시작했는가'에서 진짜 이야기가 시작됩니다.

마음이 처음 움직였던 순간을 떠올려보세요.

질문	나의 응답
이 일을 시작하게 된 계기는 무엇인가요?	_____
그때 느꼈던 감정은 무엇이었나요?	_____
그 감정은 지금도 나의 일에 영향을 주고 있나요?	☐ 예 　 ☐ 아니오 　 ☐ 모르겠다

정리 문장 실습

"내가 이 일을 시작한 이유는 단지 필요 때문이 아니라, _____ 라는 감정을 느꼈기 때문입니다."

PART 2. 나만의 브랜드 철학 정리

브랜드 철학은, 당신이 세상을 어떻게 느끼고 해석하는지에 대한 감정의 언어입니다. 정보가 아닌 감정으로 전달될 때, 메시지는 오래 기억됩니다.

질문	예시 응답	나의 응답
나는 어떤 가치를 믿고 있나요?	"자존감은 실력보다 중요하다"	_____
나는 고객을 어떤 존재로 해석하나요?	"가능성을 회복할 수 있는 사람"	_____
내가 바꾸고 싶은 세상의 모습은?	"성과보다 관계가 우선되는 세상"	_____

정리 문장 실습

"저는 _____ 같은 세상을 만들고 싶습니다."

PART 3. 감정 키워드와 고객 해석 정렬

브랜드 정체성은 '전하고 싶은 감정'과 '고객을 바라보는 관점'이 만나는 지점에서 피어납니다.

항목	예시 응답	나의 응답
내가 주고 싶은 감정 키워드 2가지	회복/ 돌봄/ 따뜻함/ 명료함/ 안정감/ 여백/ 연결	_____
내가 고객을 정의하는 방식	자기 삶의 의미를 찾는 사람	_____
내가 돕고 싶은 변화	감정을 회복하고 자기 언어를 갖게 하는 것	_____

정체성 문장 예시

"저의 브랜드는 고객에게[감정 키워드]를 전하고, 그들이 자신의 정체성을 회복하도록 돕는 여정입니다."

PART 4. 브랜드 문장 설계 3단계

감정 기반 브랜드 문장은 단순한 소개가 아니라, 한 사람의 철학과 결이 담긴 언어입니다.

단계	실습 가이드
STEP 1	내가 전달하고 싶은 감정은? →

STEP 2	내가 만나는 고객은 어떤 사람인가요? →
STEP 3	문장으로 정리해 보세요 → "저는 _____ 사람입니다."

문장 템플릿

"저는 [감정 키워드]를 말투와 태도에 스며들게 하여, 누군가의 하루 끝에 조용히 기억되는 사람이고 싶습니다."

예시 문장 모음(브랜드 분야별)

분야	감정 기반 브랜드 문장 예시
커피업 운영자	"저는 커피보다 사람의 마음이 머물다 가는 공간을 만드는 사람입니다."
심리 코치	"저는 혼란 속에서 자기 감정을 회복하도록 돕는 사람입니다."
콘텐츠 강사	"저는 내면의 언어를 찾고 싶은 사람들의 감정 비게이터입니다."
의료 전문가	"저는 병명이 아닌 마음까지 함께 치유하는 동반자입니다."

나의 브랜드 문장 ver.1

"저는_____ 사람입니다."

PART 5. 브랜드 감정 문장 설계 흐름도

"기억에 남는 브랜드는, 감정으로 요약된다."

① 감정 키워드 3개 체크하기

먼저 아래 키워드 사전에서, 당신이 전하고 싶은 감정 키워드 3개를 골라 보세요

위로	돌봄	안정감	용기	희망
창의성	공감	유대감	자기신뢰	자유

예시:

회복 / 믿음 / 따뜻함

② 감정 선언 문장 템플릿

"나는＿＿＿한 감정을 전하고 싶은 사람이다."

예시:

"나는 회복과 믿음의 감정을 전하고 싶은 사람이다."
"나는 따뜻함과 자기 신뢰의 감정을 일상 속에 스며들게 하고 싶다."

③ 감정 기반 브랜드 문장 3단계 정리

단계	질문	나의 응답
1단계: 감정 키워드	나는 어떤 감정을 전하고 싶은가?	예: 회복, 따뜻함, 용기
2단계: 고객 철학	나는 고객을 어떤 존재로 바라보는가?	예: 스스로 길을 찾고 싶은 사람
3단계: 문장 표현	나는 어떤 사람인가?	예: "저는 감정이 흔들린 사람의 중심을 다시 세워주는 사람입니다."

최종 문장 통합 템플릿

"저는 [감정 키워드]를 통해, 고객이 [고객 철학]을 회복할 수 있도록 돕는 사람입니다."

예시:

"저는 회복과 따뜻함의 감정을 통해, 삶의 방향을 잃은 사람들이 자기 안의 가능성을 다시 믿게 돕는 사람입니다."

"감정은 당신의 브랜드가 기억되는 방식입니다.
그 감정이 당신을 설명하는 가장 선명한 언어가 됩니다."

*워크시트에 "정답은 없습니다. 당신의 감정 언어가 곧 정답입니다

[부록: 감정 키워드 확장표]

"감정은 브랜드 언어의 뼈대입니다. 더 섬세하게, 더 나답게." 감정 기반 브랜드 철학을 설계할 때 사용할 수 있는 감정 어휘를 보다 세분화했습니다. 기본 키워드 외에도 감정의 '결'을 더 정교하게 선택할 수 있도록 감정 어휘를 확장해 정리했습니다. 각 감정군을 보고, 당신의 브랜드가 품고 싶은 감정을 3~5개 체크해 보세요.

1. 위로와 회복

상처를 감싸고, 마음을 쉬게 하는 감정의 결

주요 키워드	확장 키워드
위로	따스함, 부드러움, 포용, 다정함
돌봄	배려, 보호, 감싸줌, 친절함
치유	회복, 해소, 이완, 온기
안정감	평안함, 고요함, 여백, 쉼
수용	받아들임, 관용, 이해

2. 희망과 성장

다시 믿게 하고, 가능성을 보게 하는 감정의 결

주요 키워드	확장 키워드
희망	기대감, 설렘, 가능성, 긍정
용기	믿음, 결단, 나아감, 도전
성장	배움, 변화, 회복탄력성, 확장
활력	생기, 에너지, 기운, 추진력
응원	지지, 함께함, 의지

3. 연결과 소통

우리는 혼자가 아님을 느끼게 하는 감정의 결

주요 키워드	확장 키워드
공감	진심, 이해, 감정이입, 열린 마음
유대감	관계성, 연결성, 따뜻한 시선
친밀함	신뢰, 다정함, 정감, 자연스러움
소속감	함께함, 우리, 인정받음
경청	존중, 들어줌, 침묵의 배려

4. 자존과 내면의 힘

자기를 신뢰하고 단단해지는 감정의 결

주요 키워드	확장 키워드
자기신뢰	중심 잡힘, 내면의 울림, 존재감
자존감	스스로에 대한 존중, 귀함, 가치
확신	명료함, 결연함, 의연함
단단함	흔들리지 않음, 균형, 강단
정직함	진실됨, 투명함, 소신

5. 자유와 창의성

나답게 살아가는 확장성과 상상력의 감정 결

주요 키워드	확장 키워드
자유	해방감, 제약 없음, 자기표현
여유	느긋함, 무게감 없음, 숨 쉴 틈
창의성	상상력, 영감, 새로움, 낯섦
유연함	열린 사고, 적응력, 부드러운 흐름
독립성	자율성, 자기주도, 주체성

브랜드는 단어가 아니라, 당신이 남긴 감정의 문장으로 기억됩니다. 지금, 그 문장을 써보세요. 그 한 줄이 당신을 기록하게 할 것입니다. 그리고 그 문장은, 당신의 이야기 안에서 가장 먼저, 가장 오래 기억될 감정이 됩니다.

에필로그

이 책이 전하고자 한 메시지를 하나로 정리하면, '기억되는 브랜드는 감정에서 시작된다'는 단순하지만 강력한 진실입니다. 지금부터는 그 핵심 흐름을 5가지 전략으로 다시 정리해 보겠습니다. 퍼스널 브랜딩은 감정을 중심에 둘 때, 비로소 진짜 자신의 언어로 완성됩니다.

이 책에서 전한 5가지 감정 기반 전략

기억은 감정이 담긴 문장에서 시작된다.
→ '설명'보다 '정체성의 한 문장'을 꺼내세요.

첫 3초, 감정이 인상을 결정한다.
→ 말보다 인식의 온도가 먼저 남습니다.

디자인은 말 없는 태도다.
→ 시각도 감정 언어로 설계하세요.
브랜드는 감정 경험으로 기억된다.
→ 고객과 감정으로 연결되는 구조를 만드세요.

이유가 없는 브랜드는 멈춘다.
→ "왜 이 일을 하는가?"를 언어화하세요.

이 전략은 책 속에 남겨두는 개념이 아니라, 당신의 말투, 콘텐츠, 그리고 관계 속에서 살아 숨 쉬는 철학이어야 합니다. 설명은 흩어져도, 감정은 끝내 남습니다. 짧은 인사, 회의 속 한마디, SNS 피드보다 오래 남는 것은 그 순간의 감정 리듬입니다. 그리고 진심 어린 감정은 시간이 흘러도 결국, 다시 연결됩니다.

혹시 떠오르지 않으시나요? 말은 유창하지만 인상은 남지 않는 사람, 경력은 화려하지만 '그 사람만의 말'은 들리지 않는 사람… 어쩌면 지금 이 책을 읽는 당신일지도 모릅니다. 그렇다면 이제, 빈칸으로 남은 당신의 정체성 문장을 감정으로 채워 넣을 차례입니다.

말보다 감정으로, 포지션보다 철학으로, 스펙이 아니라, 정체성으로 기억되는 브랜드. 그 브랜드의 첫 문장을, 지금 당신 손끝에서 시작하세요. 그리고 마지막으로, 이 책이 당신에게 의미가 있었다면, 아직 자기 이야기를 꺼내지 못한 누군가에게 조용히 건네주세요. 자기소개가 늘 직함뿐인 동료, "왜 일하는지 모르겠다"는 후배, 브랜드는 있지만 감정이 빠진 콘텐츠를 만드는 팀원… 그 순간, 아무도 몰랐던 정체성의 문장이 조용히 다시 쓰이기 시작할지도 모릅니다. 그 문장이, 누군가의 삶을 조금씩, 그러나 분명하게 정체성 있는 방향으로 이끌게 될지도 모릅니다.

책을 덮기 전, 지금 해보세요.
지금 가장 먼저 떠오른 감정 키워드 3개를 적어보세요.
그 감정이 담긴 나만의 한 줄을 적어보세요.
그 문장은 오늘부터 당신을 대신해 말해줄 브랜드가 됩니다.

혹시 이 책에서 떠오른 문장이 있다면,
SNS에 공유해보세요.

#감정브랜딩 #정체성문장 #퍼스널브랜딩

당신의 감정 한 줄이, 누군가에겐 자기 삶의 시작점이 될 수도 있습니다.

"감정이 당신의 브랜드를 말해주길 원하시나요?"

코칭 및 강의 문의
이메일 : re_sha@ordav.co.kr
인스타그램 @HAPPY_CONNECTOR

사람은 당신의 말이 아니라, 당신이 남긴 감정으로 당신을 기억할 것입니다. 그리고 그 감정이야말로, 평생 당신을 대신 말해주는 브랜드가 됩니다.

추천사

우리는 누군가의 말을 기억한다고 생각하지만, 사실 오래도록 남는 것은 그 말이 아닌 감정입니다. 따뜻함, 위로, 존중, 혹은 상처 — 그 감정이 마음에 흔적을 남기고, 결국 그 사람이 어떤 사람으로 기억되는지를 결정합니다.

『사람은 결국, 당신이 남긴 말이 아니라 감정을 기억합니다』는 관계와 커뮤니케이션의 본질을 꿰뚫는 책입니다. 그 본질 속에 담긴 핵심은 다음과 같습니다. "감정이 곧 브랜드다." 이 문장은 단순한 표현이 아니라, 우리가 어떤 감정을 남기며 살아가고 있는가에 대한 근본적인 질문입니다. 그 감정은 당신의 평생 브랜드가 되고, 관계를 맺는 모든 순간, 우리는 브랜드를 만들고 있는 셈입니다.

이 책은 리더, 마케터, 상담가, 교사는 물론, '사람답게 살고 싶은' 모든 이들에게 강력한 나침반이 되어줄 것입니다.
말보다 감정을 남기는 삶—그것이 진정한 영향력입니다.

- 한국멘토지도자협의회 회장 안병재 (한국강사협회 초대회장)

감정을 전하는 사람,
브랜드로 기억된다

발행일	2025년 9월 24일
지은이	리샤(re:sha)
출판기획	오르다브
기획총괄	유소희
디자인	서승연

발행처	(주)오르다브
대표번호	1833-7441
주소	서울특별시 송파구 새말로 177, 502

ISBN	979-11-994820-0-5(13190)

- 파본은 본사나 구입하신 서점에서 교환해 드립니다.
- 이 책의 판권은 지은이와 출판사에 있습니다. 내용의 전부 또는 일부를 재사용하려면 반드시 양측의 서면 동의를 받아야 합니다.